SITZUNGSBERICHTE DER SÄCHSISCHEN AKADEMIE DER WISSENSCHAFTEN ZU LEIPZIG

Philologisch-historische Klasse
Band 127 · Heft 1

ROLF LIEBERWIRTH

DAS SÄCHSISCH-MAGDEBURGISCHE RECHT ALS QUELLE OSTEUROPÄISCHER RECHTSORDNUNGEN

AKADEMIE-VERLAG · BERLIN
1986

Vorgetragen in der Sitzung am 8. Februar 1985
Manuskript eingereicht am 30. Mai 1985
Druckfertig erklärt am 26. März 1986

ISSN 0138-3957
ISBN 3-05-000 068-6

Erschienen im Akademie-Verlag, DDR - 1086 Berlin, Leipziger Str. 3–4

Lizenznummer: 202·100/232/86
Printed in the German Democratic Republic
Gesamtherstellung: IV/2/14 VEB Druckerei „Gottfried Wilhelm Leibniz",
4450 Gräfenhainichen · 6632
LSV 0415
Bestellnummer: 754 668 4 (2026/127/1)

00600

Aus zahlreichen polnischen Urkunden geht hervor, daß seit dem ersten Drittel des 13. Jh. deutsche Rechte Aufnahme in polnischen Gebieten gefunden haben. Dieser Vorgang wird von der polnischen Wissenschaft allgemein als ein unbestreitbarer Fortschritt angesehen[1], weil das deutsche Recht besser den Bedürfnissen des freien Geld- und Warenumsatzes entsprach, die Entwicklung der Lokalmärkte begünstigte, Rechte und Pflichten der Bewohner genauer beschrieb und höhere Organisationsformen mit sich brachte[2]. Diese sachliche Einschätzung hebt sich wohltuend von den oft emotionsgeladenen Kontroversen deutscher und polnischer Wissenschaftler zu dieser Thematik ab. Sie ist Ausdruck und Ergebnis enger und gleichberechtigter Zusammenarbeit, wie sie in den letzten Jahrzehnten erfolgreich praktiziert wurde[3] und wie sie künftig ebenso mit Fachvertretern anderer osteuropäischer Staaten nicht nur angestrebt, sondern auch verwirklicht werden sollte; denn von allen interessierten Seiten könnte noch vieles zur Aufhellung beigetragen werden.

Allein schon die Bezeichnung deutsches Recht kann verschieden gedeutet werden. Es ist sicher unbestritten, daß es in dieser frühen Zeit noch kein einheitliches deutsches Recht gab. Das Nebeneinander zahlloser Stammes-, Orts- und Gruppenrechte war Kennzeichen des Rechts im mittelalterlich-deutschen Reich, seit 1157 Sacrum Imperium genannt. Einheitlich war nur das Kirchen-

1 Juliusz Bardach, in: J. Bardach, B. Leśnodorski, M. Pietrzak, Historia państwa i prawa polskiego (Geschichte des polnischen Staates und Rechts) Warszawa 1976, S. 51 f., zitiert nach Krystina Bukowska-Gorgoni, Sächsisch-magdeburgisches Recht und vermögensrechtliche Verhältnisse, in: Studien zur Geschichte des sächsisch-magdeburgischen Rechts in Deutschland und Polen, hrsg. von Dietmar Willoweit und Winfried Schich, Frankfurt/M. – Bern – Cirencester, U. K. 1980, S. 130.

2 Bukowska-Gorgoni, a. a. O.

3 Ein Beispiel ist das rechtshistorische Symposium vom 3. bis 7. Juni 1977 in Krakau über Probleme des sächsisch-magdeburgischen Rechts in Deutschland und Polen, dessen Ergebnisse zusammengefaßt wurden in: Studien zur Geschichte des sächsisch-magdeburgischen Rechts in Deutschland und Polen (siehe Anm. 1, im folgenden mit Studien bezeichnet).

recht, dessen Geltungsreich sich mehr und mehr auf weltliche Angelegenheiten zu erstrecken begann. Die Einheimischen kannten ihr jeweiliges Recht und benötigten noch keinen Oberbegriff, der im übrigen erst mit der Verwissenschaftlichung des Rechts zur Entstehung gelangt. Der im Mittelalter entwickelte und vornehmlich in der Praxis angewandte Begriff deutsches Recht (ius Theutonicum) mußte also einen anderen Ursprung haben. Inzwischen besteht Übereinstimmung darüber, daß diese Bezeichnung nicht von innen heraus entstanden ist, sondern außerhalb des Reiches von Nichtdeutschen geprägt wurde[4]. Der Fremde, der mit den Einzelheiten der deutschen Rechtssituation nicht vertraut war, den sie zunächst vielleicht auch gar nicht interessierten, suchte bei der Abgrenzung zu seinem eigenen Recht nach einer allgemeineren Formulierung zur Bezeichnung der den deutschen Einwanderern zu gewährenden Vorrechte. Vor dieser Situation standen seit Mitte des 13. Jh. offensichtlich viele slawische und ungarische Fürsten, als sie im Zusammenhang mit dem inneren Landesausbau ihrer Machtbereiche auch Bauern aus deutschen Gebieten als Siedler anwarben. Als Anreiz boten sie ihnen günstigere ökonomische Bedingungen als in der alten Heimat und zumindest die Beibehaltung ihres gewohnten Rechtes. Mittler waren die vom Fürsten beauftragten polnischen, flämischen und deutschen Siedlungsunternehmer, die Lokatoren, die im eigenen Interesse für eine schriftliche Fixierung sorgten. So nimmt es nicht wunder, daß in den zahlreichen Lokationsprivilegien dieses Zeitraumes für das Recht der Einwanderer allgemeine Bezeichnungen verwandt wurden, die anfänglich ius Theutonicorum (Recht der Deutschen) und bald auch ius Theutonicale (deutsches Recht) lauteten, bis sich schließlich im ersten Drittel des 13. Jh. wohl unter dem Einfluß der Kirche der Fachausdruck ius T(h)eutonicum herausgebildet hatte, der sehr bald eine weite räumliche Verbreitung fand[5]. Oft reichte dieser Fachausdruck ius Teutonicum zur Bezeichnung des den Einwanderern zugebilligten Rechts nicht aus, so daß die Urkunden zusätzliche Hinweise auf ein spezielles deutsches Recht enthielten, zumal neben Bauern auch Handwerker und Kaufleute in osteuropäische Städte auswanderten und sich dort nicht nur als Gäste vorübergehend aufhielten. Das ius Theutonicum wird vermutlich anfangs eine ganz bestimmte oder wenigstens weitgehend bestimmbare Art von Vorrechten umfaßt haben, die nicht einem einzelnen

4 Ähnlich auch Benedykt Zientara, Der Ursprung des „deutschen Rechts" (ius Theutonicum) auf dem Hintergrund der Siedlungsbewegung in West- und Mitteleuropa während des 11. und 12. Jahrhunderts, in: Jahrbuch für Geschichte des Feudalismus, Bd. 2, Berlin 1978, S. 119 ff.

5 Rudolf Kötzschke, Die Anfänge des deutschen Rechts in der Siedlungsgeschichte des Ostens (ius teutonicum) (Sitzungsberichte der Sächsischen Akademie der Wissenschaften zu Leipzig, phil.-hist. Klasse 93 [1941], Heft 2), Ergänzungen und Quellenkorrekturen bei Zientara, a. a. O,

deutschen Recht zugeordnet werden kann, sondern sich im Zusammenhang mit der Siedlung herausgebildet hat; denn sonst hätte von vornherein einfach an das Recht einer bestimmten Landschaft oder Stadt (Magdeburger, Kulmer usw.) angeknüpft werden können[6].

Typisch ist die Entwicklung in den unter polnischer Herrschaft stehenden Gebieten Schlesiens, in Groß- und Kleinpolen sowie in weiteren Gebieten Polens und Litauens. Schon im Lokationsprivileg für Poznań/Posen aus dem Jahre 1253 tauchen die Bezeichnungen ius Theutonicum und ius Maideburgense auf, wobei das Magdeburger Recht in seiner unveränderten Form für die deutschen Bürger bestimmt war und der allgemeinere Begriff ius Theutonicum für die in den umliegenden Dörfern noch anzusiedelnden Deutschen verwendet wurde[7]. Für andere Gebiete erfolgte in den Urkunden neben der allgemeinen Bezeichnung ius Theutonicum zusätzlich eine Ansnüpfung an bestimmte Regelungen des ius Franconicum oder des ius Flamingicum[8]. Schließlich setzte sich in den Städten und in den sie umgebenden Dörfern das Magdeburger Recht durch, weshalb das ius Theutonicum etwa seit dem 14. Jh. weitgehend mit dem ius Maideburgense identifiziert wurde[9]. Nach den Textstellen zu urteilen, wird das ius Theutonicum gewöhnlich (vulgariter) Magdeburger Recht genannt, was den Anschein einer gewissen Gleichstellung erweckt, die insofern unrichtig ist, als das Magdeburger Recht nur eines der vielen Rechte darstellt, die, wie schon angedeutet, unter einem angenommenen Oberbegriff deutsches Recht zusammengefaßt werden könnten. In einem solchen umfassenden Sinn fand deutsches Recht in osteuropäischen Gebieten zu dieser Zeit nirgends Anwendung[10]. Wird aber richtigerweise unter dem ius Theutonicum eine Gruppe von Vorrechten verstanden, so könnte der Hinweis auf Magde-

6 Zientara a. a. O., S. 124.

7 Codex diplomaticus maioris Poloniae, Tomus 1, Poznaniae 1877, Nr. 321: ... Et cives prenominate civitatis ius secundum formam Maydburgensis civitatis . . . perpetue gaudeant possidere, vgl. auch Witold Maisel, Die Quellen des deutschen Rechts im mittelalterlichen Posen, in: Studien, S. 116 ff.

8 Kötzschke, a. a. O., S. 39.

9 Urkunde für Kazimierz bei Kraków/Krakau vom 27. Februar 1335: . . . iure theutonico, quod ius Magdeburgense vulgariter nuncupatur . . . (Cod. dipl. civ. Crac. I [5], 19 Nr. 18); Urkunde für die Stadt Lanckorona vom 31. März 1366 erwähnt deutsches Recht . . . quod vulgariter Maydeburgense dicitur . . . (Cod. dipl. Poloniae min. 3 [I] 340, Nr. 285); weitere Hinweise siehe Gertrud Schubart-Fikentscher, Die Verbreitung der deutschen Stadtrechte in Osteuropa, Weimar 1942, S. 222 ff.

10 Die Formulierung von Jürgen Weitzel, Zum Rechtsbegriff der Magdeburger Schöffen, in: Studien, S. 62 „Deutsches Recht in Polen, das ist überwiegend sächsisch-magdeburgisches Recht" erscheint mir noch etwas zu weit gefaßt.

burger Recht eine Reduzierung auf die diesem Recht innewohnenden Vorteile bedeuten, oder darauf, daß für städtische Verhältnisse das Magdeburger Recht die notwendigen Vorzüge enthält. Daher erscheint es unter terminologischen, besonders aber unter rechtspolitischen Gesichtspunkten doch wohl zweckmäßiger zu sein, den in einer langen Praxis entstandenen Begriff ius Theutonicum als zusammenfassende Bezeichnung für den Deutschen gewährte Siedlervorrechte in diesem Raum nicht zu übersetzen, sondern ihn in der lateinischen Form als Fachausdruck für das den deutschen Einwanderern in Osteuropa zugebilligte heimatliche Recht zu benutzen und dabei auch zu beachten, daß es im weiteren Verlauf der historischen Entwicklung einer Eigengesetzlichkeit unterlag[11].

Das ius Theutonicum, im wesentlichen getragen vom Magdeburger Recht oder von der Magdeburger Rechtsgruppe, zu der auch das Neumarkter, das Kulmer, das Breslauer und letztlich auch das Krakauer Recht gehören, trat auf Anordnung polnischer Herrscher gleichberechtigt neben das vielgestaltige polnische, das aus dem außerordentlich einflußreichen adligen Landrecht (ius terrestre), dem Kirchenrecht, dem Stadtrecht und dem Dorfrecht bestand[12], aber auch die Rechte besonderer Berufsgruppen wie Bergrecht, Müllerrecht, Zadelrecht oder Schäferrecht sowie die Rechte nationaler Gruppen, wie der Walachen, der Armenier oder der Juden mitumfaßte[13]. Jedoch gerade im Zusammenhang mit dem Recht einzelner Volksgruppen steht man wieder neuen Fragen gegenüber. Zum einen ist zweifelhaft, ob hierin auch das ius Theutonicum oder noch spezieller das ius Maideburgense eingeordnet werden soll; zum anderen bedarf es einer Klärung, warum die Rechte nationaler Gruppen in den Quellen so herausgehoben werden, ob und inwieweit hier noch von der Personalität des Rechts ausgegangen wurde.

Die Lehre vom Personalitätsprinzip, über deren Ursprung zwar Meinungsverschiedenheiten bestehen, ist inhaltlich eindeutig dadurch gekennzeichnet, daß jedermann sein Stammes- oder Heimatrecht, in das er hineingeboren wurde, mit sich trägt, wohin er auch geht. Er wird danach beurteilt, auch wenn er sich außerhalb seines Heimatgebietes aufhält. Dem Personalitätsprinzip steht das Territorialitätsprinzip gegenüber, nach dem alle unter einer politischen Herrschaft Lebenden einem gemeinsamen Recht unterworfen sind. Der Übergang vom einen zum anderen Prinzip soll sich im deutschen Bereich nach bisheriger Auffassung mit der Herausbildung der Landesherrschaften im 13. Jh. vollzogen haben[14]. Diese auf der Grundlage spätantiker und fränkischer Quel-

11 Lesław Pauli, Polnische Literatur des Magdeburger Rechts, in: Studien, S. 150 f.
12 Bardach u. a., a. a. O., S. 17   13 Pauli, a. a. O., S. 150.
14 Hermann Conrad, Deutsche Rechtsgeschichte, Bd. 1 (2. Aufl.), Karlsruhe 1962, S. 346; in Italien gegen Ende des 11. bis Mitte des 12. Jh., vgl. Fritz Sturm, Personalitätsprinzip, in: HRG, III, Sp. 1587 ff.

len entwickelte Lehre von der Personalität des Rechts bedarf generell einer Überprüfung, speziell aber hinsichtlich ihrer Anwendung auf hochmittelalterliche Verhältnisse[15]. Allein schon die damalige Gerichtspraxis läßt erhebliche Zweifel an ihrer Allgemeingültigkeit aufkommen. Die Urteiler kannten allenfalls das Recht oder die Rechte ihres Stammes- bzw. territorialen Bereiches. Die Kenntnis benachbarter Rechte konnte kaum, die der entfernteren oder gar fremdsprachiger überhaupt nicht erwartet werden. Sie fänden darüber hinaus auch nicht die erforderliche Zustimmung in der Gerichtsversammlung. Damit ist eine wichtige Seite für die Herausbildung oder für das Weiterbestehen von Rechten nationaler Gruppen berührt. Der politische Machthaber, der an der Einwanderung von Fremden interessiert war oder unterworfenen Völkerschaften aus politischen Motiven eine gewisse Eigenständigkeit zusichern wollte, gewährte ihnen durch Privileg nicht nur ihr oder ein eigenes Recht, sondern auch eine eigene Gerichtsbarkeit. Auf die landfremden Siedler bezogen, die nicht viel mehr als ihre Arbeitskraft, ihre Berufserfahrung und ihre Arbeitsgeräte, aber vermutlich viel Unternehmungsgeist mit sich brachten, war eine solche Privilegierung also als Anreiz für ihre mühselige Arbeit bei der Rodung und Urbarmachung gedacht. Ihnen wurde ferner eine bessere Rechtstellung als in ihrer alten Heimat eingeräumt[16]. Darin unterscheidet sich das ius Theutonicum von dem Recht nationaler Gruppen. Es kann demnach nicht nur als Oberbegriff einzelner deutscher Stammes- bzw. Stadtrechte in Osteuropa angesehen werden, sondern es bedeutet auch das vom Landesherrn gewährte Siedlerrecht schlechthin, was von der Personalität des Rechts streng geschieden werden muß, da die Siedler nicht die gleichen Rechte wie in der alten Heimat, sondern bessere, vorteilhaftere erhielten. Damit nähert sich das gemeinsame Recht für die Siedler äußerlich eher einem Berufsrecht. Da jedoch die verschiedensten Berufe darin aufgehen, ist seine Sonderstellung unverkennbar.

Als Siedlerrecht spielte das sächsisch-magdeburgische Recht östlich der Elbe-Saale-Linie zunächst in den unter deutscher Herrschaft stehenden, ehemals slawischen Gebieten und dann im Rahmen des von slawischen Fürsten den Einwanderern zugestandenen ius Theutonicum eine bedeutende Rolle. Es muß offensichtlich ganz beachtliche Vorteile gegenüber den einheimischen polnischen Rechten aufgewiesen haben, so daß polnische Bauern bestrebt waren, auf ius Theutonicum als ein für sie günstigeres Recht umgesetzt zu werden[17], was vermutlich denen zuerst gelang, die sich in ihrem großräumigen

15 Dietmar Willoweit, Zur Frage des Personalitätsprinzips im Sachsenspiegel und in schlesischen Lokationsurkunden des 13. Jahrhunderts, in: Studien, S. 94 ff.

16 a. a. O., S. 100.

17 Stanislaw Trawskowski, Zur Erforschung der deutschen Kolonisation auf polnischem Boden im 13. Jahrhundert, in: Acta Poloniae Historica, VII (1962), S. 79 ff., hier speziell S. 90.

Heimatgebiet umsiedeln ließen. Nur daraus wird verständlich, daß im Laufe der Entwicklung nicht wenige unter polnischer Herrschaft stehenden Städte und Dörfer mit sächsisch-magdeburgischem Recht privilegiert wurden, die kaum oder überhaupt keine deutschen Siedler unter ihren Einwohnern aufzuweisen hatten, womit der ursprüngliche Charakter des ius Theutonicum als ein Recht für Angehörige deutscher Stämme entscheidend verändert und generell und unabhängig von der Herkunft zu einem Recht für Umsiedler wurde, das bis ins 18. Jh. hinein wegen der Freijahre in Bezug auf Abgaben und Dienste sowohl von den Bauern als auch von den Grundherren für vorteilhaft angesehen wurde.

Trotzdem fällt es noch immer schwer, dieses Siedlerrecht inhaltlich zu erfassen, weil allein schon die Klärung der Vorfrage, ob das in polnischen Herrschaftsgebieten ius Maideburgense genannte und in der Gerichtspraxis gehandhabte Recht noch mit dem ursprünglichen Magdeburger Recht übereinstimmt, Schwierigkeiten bereitet. Als gesichert kann zunächst nur gelten, daß sich das ius Maideburgense unter den Rechten deutscher Einwanderer bald als das stärkere erwiesen hat. Das in den Anfängen etwa in Schlesien noch stark gemischte ius Theutonicum wird auf dem Weg in die östlicher gelegenen polnischen Gebiete mehr und mehr zum sächsisch-magdeburgischen Recht[18], das aber flexibel genug war, die eine oder andere rechtliche Regelung des fränkischen oder des flämischen Rechts in sich aufzunehmen.[19]

Das sächsisch-magdeburgische Recht ist der umfassende Begriff für zwei neue Zweige des Rechts, die sich unter den veränderten ökonomischen Bedingungen und einer damit zusammenhängenden Bevölkerungsbewegung nebeneinander aus dem sich abschwächenden Stammesrecht entwickelt haben: das Stadtrecht und das Landrecht. Das sächsische Landrecht, aufgezeichnet im Sachsenspiegel-Landrecht, läßt ebenso wie das Recht der Stadt Magdeburg die Einwirkung der Siedlungsbewegung des 12. und 13. Jh. erkennen. Beide weisen auch sonst gemeinsame Merkmale auf und doch bilden sie mehr oder weniger streng[20] getrennte Rechtskreise, was sich allein schon darin äußert, daß Stadt und Siedlerdörfer aus der allgemeinen Gerichtsverfassung ausgegliedert waren und einen eigenen Gerichtsbezirk bildeten. Stadtbürger und Siedler waren wenigstens anfänglich persönlich frei, besaßen ein freies Grundbesitz- und ein freies Erbrecht, waren von den Prozeßformalismen (Gefahr der vare) befreit und konnten ihrer Gemeinschaft (Genossenschaft) eine Sat-

18 Weitzel, a. a. O., S. 63.

19 a. a. O.

20 Die Magdeburger Schöffen schieden beide Rechtskreise sehr streng, während in anderen Gebieten die Grenzen fließend waren, vgl. Weitzel, a. a. O., S. 69, dessen einleuchtender Argumentation hier weitgehend gefolgt wird.

zung (Willkür) geben[21]. Auch das Landrecht des Sachsenspiegels kennt diese Besonderheiten für Dorfgemeinden[22], wie es umgekehrt Rechtssätze enthält, die auch in der Stadt galten, weil sächsisches Stadt- und Landrecht von derselben Basis ausgegangen waren. So konnte es geschehen, daß im Bereich des ius Theutonicum Hunderten von Dörfern hinab bis zum Weiler[23] Stadtrecht verliehen wurde wie in den schlesischen Stadt-Land-Siedlungen Weichbild und städtisches Dorfrecht, oder daß in Polen das sächsische Landrecht als Bestandteil des Magdeburger Rechts angesehen wurde[24]. Ebenso zeigt das Rechtssprichwort „Auch Dörfer haben Weichbildrecht", im Sinne von Stadtrecht, wie sehr in diesem Raum die Grenzen zwischen dörflichem und städtischem Recht verschwammen[25].

Dieser Hinweis deutet darauf hin, daß in Polen unter Magdeburger Recht nicht überall dasselbe verstanden wurde. Ebensowenig ist zu übersehen, daß dort zunächst dem Stadtrecht, speziell dem Magdeburger Recht, größere Aufmerksamkeit geschenkt wurde als dem sächsischen Landrecht. Die Gründe hierfür lassen sich aus den knappen Formulierungen in den Gründungs- oder Erneuerungsprivilegien, wie etwa „Recht nach der Form der Stadt Magdeburg"[26], nicht entnehmen. Es spricht aber sehr viel dafür, daß unter Magdeburger Recht sowohl die Behördenorganisation und Gerichtsverfassung dieser Stadt in ihrer relativen Selbständigkeit als auch die den deutschen Siedlern geläufigen Vorschriften des Vermögens- und Erbrechts für Freie sowie des Straf- und des Prozeßrechts zu verstehen ist[27]. Aus dem schon erwähnten Gründungsprivileg der Stadt Poznań/Posen geht nämlich hervor, daß die großpolnischen Herzöge, die Brüder Przemysl I. und Boleslaw der Fromme, die Deutschen von den polnischen Gerichten eximiert und der Kompetenz eines besonderen Beamten, der des deutschen Lokators und erblichen Stadtvogts Thomas von Guben, unterstellt haben. Er regelte auch die Streitigkeiten zwischen Deutschen und Polen, die weiterhin nach ihrem Recht lebten. Den deut-

21 a. a. O., S. 66.

22 Gerhard Buchda, Die Dorfgemeinde im Sachsenspiegel, in: Vorträge und Forschungen VIII (Die Anfänge der Landgemeinde und ihr Wesen II) Sigmaringen 1964.

23 Trawskowski, a. a. O., S. 90.

24 Józef Matuszewski, Die Ignoranzklausel der Schultheißprivilegien, in: ZRG GA 93 (1976), S. 154 ff., hier S. 172.

25 Karl Kroeschell, Rechtsgeschichte und Sozialgeschichte am Beispiel der deutschen Ostkolonisation, in: Sozialwissenschaften im Studium des Rechts, Bd. IV Rechtsgeschichte, hrsg. v. Gerhard Dilcher und Norbert Horn, München 1978, S. 83 f., hier S. 88.

26 Vgl. Anm. 7.

27 Maisel, a. a. O., S. 117.

schen Stadtbürgern wurde ferner zugestanden, daß sie Willküren über Maße und Gewichte setzen konnten. Das Posener Stadtgericht, das für alle in Großpolen lebenden Deutschen zuständig war, holte in rechtlichen Zweifelsfällen Rechtssprüche und Rechtsbelehrungen beim Oberhof zu Magdeburg ein, bis es sich selber zu einem Oberhof iuris Theutonici entwickelte, nachdem viele großpolnischen Städte und Dörfer auf Grund von Lokationsprivilegien das Recht erhalten hatten, eigene Gerichte iuris Theutonici zu bilden. Inzwischen konnte nachgewiesen werden, daß auch in Śrem/Schrimm und Kościan/Kosten Oberhöfe iuris Theutonici bestanden. Von ihnen liegen Urteile aus dem 15. und 16. Jh. vor, was letztlich nichts über ihr Alter aussagt. Wichtig ist allerdings, daß von allen großpolnischen Oberhöfen nur Urteile in lateinischer und dann in polnischer, nicht aber in deutscher Sprache vorliegen[28].

Die Stellung als Oberhof setzt eine genaue Kenntnis des anzuwendenden Rechts voraus, dessen zunehmende Kompliziertheit schließlich seine Aufzeichnung erforderlich machte. So entstanden in einer Zeit des politischen und wirtschaftlichen Aufschwunges, etwa in der Zeit zwischen 1385 und 1407, das Posener Buch des Magdeburger und Meißner Rechts (Posener Rechtsbuch) und ferner eine Sammlung der von den Stadtbehörden verabschiedeten Willküren aus dem 14. bis 18. Jh.[29].

Ähnlich wie in Großpolen hat sich die Entwicklung auch in Masowien[30] abgespielt, wobei hier das Kulmer Recht überwiegt. Allerdings fehlen noch abschließende Untersuchungen. Dem gegenüber fließen die Quellen für Kleinpolen weitaus stärker. Seine Hauptstadt Kraków/Krakau, um die Mitte des 13. Jh. durch die Mongolen völlig zerstört, wurde im Jahre 1257 neugegründet. Herzog Boleslaw der Schamhafte beauftragte damit deutsche Lokatoren und bewidmete die Stadt mit Breslauer Recht, wie es von Magdeburg dorthin verliehen, aber nicht wie es in Breslau weiterentwickelt wurde. Es galt damit die Magdeburger Ratsverfassung, die 1244 in Magdeburg zuerst begegnet[31]

28 a. a. O., S. 117 ff.

29 a. a. O., S. 118; Maisel hat sich sehr um die Herausgabe dieser Quellen verdient gemacht, vgl. Poznańska księga prawa magdeburskiego i miśnieńskiego (Das Posener Buch des Magdeburger und Meißner Rechts), bearb. und hrsg. Witold Maisel unter Mitarbeit von Andrzej Bzdęga (Starodawne Prawa Polskiego Pomniki, Ser. II, Dz. III, T. II), Wrocław 1964 sowie die Wilkierze Poznańskie (Statuta civitatis Posnaniensis) in drei Teilen, Wrocław 1966, 1968, 1969; zum Posener Rechtsbuch auch D. Munzel, in: HRG III, Sp. 1831 f.

30 Schubart-Fikentscher, a. a. O., S. 312 ff.; Heinrich Felix Schmid, Die sozialgeschichtliche Erforschung der mittelalterlichen deutschrechtlichen Siedlung auf polnischem Boden, in: Vierteljahrschrift für Sozial- und Wirtschaftsgeschichte, XX (1928), S. 305.

31 Schubart-Fikentscher, S. 285 f.

und die schon für Poznań/Posen vorbildlich war. Diese Bewidmung bestätigte der erste polnische König Wladislaw Lokietek (Ellenlang) im Jahre 1306. Die erteilten Vorrechte gingen aber nach dem mißglückten Aufstand der Bürger von 1311/1312 größtenteils wieder verloren. Erst unter Kasimir dem Großen erhielt Kraków/Krakau im Jahre 1358 die alten Freiheiten zurück, aber gleichzeitig verbot dieser Herrscher den Rechtszug nach Magdeburg und richtete in Kraków/Krakau mit dem Iudicium Supremum Provinciale Theutonicale Castri Cracoviensis ein eigenes Obergericht für die kleinpolnischen Städte Magdeburger Rechts ein[32]. Dieser bedeutende polnische Herrscher, mit dem die systematische gesetzgeberische Tätigkeit der polnischen Könige beginnt, schuf ferner mit dem Gerichtshof der sechs Städte ein Sachverständigenkollegium in Angelegenheiten des ius Theutonicum und Hilfsorgan für das königliche Gericht. Später erhielt es den Charakter eines eigenen Gerichtes im Sinne einer letzten Instanz für Urteile iuris Theutonici[33]. Für die Wojewodschaft Sandomierz soll auf der gleichnamigen Burg ebenfalls ein deutschrechtliches Obergericht bestanden haben[34]. Wegen der verschiedenartigen und oft auch ungleichmäßigen Bewidmungen sowie wegen der zunehmenden Kompliziertheit der Rechtsfälle erwies es sich hier ebenfalls als unerläßlich, das geltende Recht aufzuzeichnen. Dabei spielten auch nationale Vorstellungen von einem einheitlichen Recht mit hinein, wie das mit den Statuten Kasimirs des Großen von 1367 beabsichtigt war. Dieses Statut von Wiślica, das in lateinischer und polnischer Fassung vorliegt, basiert weitgehend auf Magdeburger Recht. Es übernahm die Funktion eines Rechtsbuches für den Krakauer Oberhof iuris Theutonici und erhielt seinerzeit die Bezeichnungen „Rechtsbuch des Königs" und „Librum iuris Theutonici Cracovie"[35]. König Kasimir der Große ließ ferner ein Exemplar des Sachsenspiegels auf seinem Schloß in Krakau hinterlegen, um ihm in seinem Königreich Geltung zu verschaffen[36]. Der Krakauer Oberhof entschied darüber hinaus nach dem Rechtsbuch Konrads von Oppeln, das dieser 1306 für Krakau verfaßte und welches das Breslauer Schöffenrecht sowie Magdeburg-Breslauer Recht von 1261 und 1295 enthielt, und schließlich nach Sammlungen Magdeburger Schöffenrechts sowie des

32 a. a. O., S. 287.

33 Ludwik Lysiak, Über den sogenannten Gerichtshof der sechs Städte in Krakau, in: Studien, S. 122 ff., hier S. 124 f.; Maximilian Herberger, Krakauer Oberhof für deutsches Recht, in: HRG II, Sp. 1169 ff.

34 Heinrich Felix Schmid, in: ZRG (Germ A) 49 (1929), S. 707.

35 Schubart-Fikentscher, a. a. O., S. 287 in Verbindung mit S. 260 f.; Schmid, Die sozialgeschichtliche Erforschung, S. 305.

36 Józef Matuszewski, Die Aufnahme des deutschen Rechtes in Polen, in: Bulletin de la Société des Sciences et des Lettres de Łódź, Vol. XX, 4 (1970), S. 1.

Weichbildes. Auch im Krakauer Stadtgericht waren diese Quellen im Gebrauch[37].

Kasimir der Große, der sich 1335 im Vertrag zu Trenčin mit dem Verzicht auf das Herzogtum Schlesien zugunsten des Königreichs Böhmen den Rücken für militärische Operationen im Osten freimachte, begann 1340 mit der Eroberung des Fürstentums Wolhynien und des Fürstentums Halicz[38], dessen politisches Zentrum Stadt und Burg Halicz am Dnjestr war. Die Gebiete des Fürstentums Halicz und der westlichste Teil Wolhyniens standen ab 1366 in ihrer Gesamtheit unter polnischer Herrschaft. Als militärischer Stützpunkt und als bedeutender Hauptumschlagplatz im Ost-Westhandel hatte nunmehr Lwów/Lemberg eine wichtige Aufgabe zu erfüllen. Kasimir der Große verlieh ihm 1356 ein nach Inhalt und Umfang sehr weitgehendes Magdeburger Recht, dessen Grundlage das Magdeburg-Breslauer Recht, das sächsische Weichbild und das Magdeburg-Breslauer systematische Schöffenrecht[39] waren. Es ist jedoch durchaus möglich, daß Lwów/Lemberg und andere östlich davon gelegene Städte schon von Haliczer Fürsten eine Bewidmung mit Magdeburger Recht erhalten hatten, wie es aus dem Beispiel von Sanok ersehen werden kann. Diese Stadt war schon 1339 damit privilegiert worden[40]. Etwa hundert Jahre später trat insofern eine bedeutende Veränderung in der Gerichtsverfassung dieses Raumes ein, als Wladislaw III. das deutsche Gericht in Lemberg/Lwów 1444 zum Obergericht für alle deutschrechtlichen Dörfer und Städte der unter polnischer Hoheit stehenden galizischen und podolischen Gebiete bestellte. Dazu gehörte auch die 1374 gegründete Hauptstadt Podoliens Kamieniec-Podolski.

Das Großfürstentum Litauen, seit 1385 mit dem Königreich Polen in einer Union verbunden, beherrschte zur Zeit seiner weitesten Ausdehnung um 1500 über seine Stammlande um Wilna/Vilnius hinaus auch die Gebiete der heutigen Belorussischen und der Ukrainischen SSR. Es bewidmete seit der Personalunion mit Polen (1386) nur die Städte mit Magdeburger Recht oder bestätigte frühere, von anderen Herrschern vorgenommene Bewidmungen. König Wla-

37 Schubart-Fikentscher, a. a. O., S. 286, 261.

38 Das Schöffenbuch der Dorfgemeinde Krzemienica aus den Jahren 1451–1482. Hrsg., eingeleitet und bearbeitet von Franz A. Doubek und Heinrich Felix Schmid, Leipzig 1931, S. 1, Anm. 2. Dort wird darauf hingewiesen, daß aus der lat. Form für Halicz, Galicia, die in diesem Zusammenhang irreführende Übersetzung Galizien hervorging.

39 Karl August Eckhardt, Systematisches Schöffenrecht, in: Hellmuth Rösseler und Günther Franz, Sachwörterbuch zur deutschen Geschichte, Bd. II, S. 1258.

40 Schubart-Fikentscher, a. a. O., S. 306; dazu und zu den folgenden Stadtrechtsverleihungen vgl. auch Geschichte der UdSSR, Bd. II, hrsg. v. B. D. Grekow, L. W. Tscherepnin, W. T. Paschuto, Berlin 1958, S. 480 ff.

dislaw Jagello verlieh kurz nach seiner Thronbesteigung den litauischen Städten Wilna 1387, Brest 1390, Kowno und Grodno 1391 sowie später den Städten Dorogitschin 1429, Belsk 1430, Sluzk 1441, Shitomir 1444, der neuen Hauptstadt Wolyniens Luzk 1432 und der wolhynischen Stadt Kremenec 1438 Magdeburger Recht. Für die alte Hauptstadt Wladimir kann eine deutsche Stadtverfassung schon für 1324 nachgewiesen werden. In der ersten Hälfte des 15. Jh. erhielten die meisten Städte Podlachiens magdeburgisches Recht, Melnik dagegen kulmisches. Gegen Ende des 15. Jh. bekamen, den litauischen Verhältnissen entsprechend, auch entfernter gelegene Städte magdeburgisches Recht, wie etwa im Norden Polozk und Minsk (1496) und im Süden Kiew, dessen Bewidmung durch König Sigismund I. am 16. Januar 1516 erneuert wurde[41]. Als Podolien, Wolhynien und der größte Teil des Kiewer Landes 1569 unter die polnische Krone kamen, änderte sich für die Städte Magdeburger Rechts nichts. Dagegen wurde 1776 für die litauischen Städte mit Ausnahme von Wilna, Troki, Pinsk, Minsk, Mosyr, Lida, Nowogorodok, Wolkowysk, Brest und Grodno das magdeburger Recht aufgehoben[42].

Doch auch in den litauischen Dörfern fand über das Hufengesetz von 1557 die deutschrechtliche Schulzenverfassung Eingang. Allerdings trat sie in einer nach polnischem Vorbild gewandelten Form in Kraft, die den gutsherrlichen Interessen besonders entsprach[43]. Die Bestimmungen des 3. litauischen Statuts von 1588 gaben dazu die rechtliche Grundlage, so daß immer mehr Bauern in die Leibeigenschaft herabgedrückt werden konnten. Die Vorteile des ius Theutonicum schlugen ins Gegenteil um.

Mit diesem Überblick solle ein allgemeiner Eindruck von dem an sich wesentlich komplizierteren Gesamtvorgang vermittelt werden. Er ist unvollständig genug, wie es nach dem augenblicklichen Forschungsstand auch schwer fallen wird, die genaue Zahl der mit Magdeburger Recht bewidmeten Städte und Dörfer zu erfassen. Eine überschlägliche Schätzung für Kleinpolen und Galizien kommt etwa auf 650 Siedlungen, für Großpolen auf 153 Städte, wozu noch zahlreiche Dörfer kämen[44]. Die Zahl erhöht sich noch durch die litauischen, weißrussischen und ukrainischen sowie die bewußt außer Ansatz ge-

41 Schubart-Fikentscher, a. a. O., S. 309.

42 Ostrowski, Theodor von, Civilrecht der pohlnischen Nation, Erster Theil, Berlin 1797, S. 24.

43 Heinrich Felix Schmid, Sozialgeschichtliche Erforschung, S. 348, Anm. 108; Werner Conze, Agrarverfassung und Bevölkerung in Litauen und Weißrußland, 1. Teil, Die Hufenverfassung im ehemaligen Großfürstentum Litauen, Leipzig 1940, passim.

44 Heinrich Felix Schmid, Das deutsche Recht in Polen, in: Deutschland und Polen. Beiträge zu ihren geschichtlichen Beziehungen. Hrsg. v. Albert Brackmann, München – Berlin 1933, S. 67.

bliebenen Ortschaften des südeuropäischen Raumes, die im Königreich Böhmen, in der Markgrafschaft Mähren und schließlich im Königreich Ungarn mit Magdeburger Recht bewidmet worden waren.

Jedoch die Zahl allein hat letztlich nur eine oberflächliche Bedeutung. Andere Überlegungen drängen sich mehr in den Vordergrund. Zunächst steht erst einmal außer Zweifel, daß die Bewidmung mit Magdeburger Recht von polnischen oder anderen slawischen Fürsten, später sogar von den litauischen Großfürsten und von den polnischen Königen vorgenommen wurde. Es ist ferner unbestritten, daß der Ursprung im ius Theutonicum, im Siedlerrecht für die deutschen Einwanderer zu suchen ist, daß seine spezielle Form, das Magdeburger Recht, aber schon relativ früh und auch nach dem Abflauen des Zuwanderungsprozesses an Ortschaften mit ausschließlich oder überwiegend einheimischer Bevölkerung für beide Seiten vorteilhaft verliehen wurde, wobei nicht übersehen werden darf, daß der Umfang der Bewidmung im einzelnen sehr unterschiedlich sein konnte. Die Vorteile bestanden für die Bauern in einer zumindest anfangs relativ wenig beengten wirtschaftlichen Entwicklung, für die Stadt in einer gewissen politischen Eigenständigkeit gegenüber dem vom Adel beherrschten umliegenden Land und in der Eigenverantwortlichkeit für die innere Ordnung, wofür sie sich Satzungen (Willküren) geben konnte. Für die Stadtbürger war der freiere Rechtsstatus und unter Umständen ein freies Grundstücks- und Erbrecht von Vorteil. Den Kaufleuten, überhaupt Handel und Gewerbe, kamen die relativ einheitlichen Rechtsauffassungen über große Räume hinweg sehr gelegen, während die Adligen bis hinauf zum König aus politischen und ökonomischen Gründen die Be- und Umsiedlung sowie Handwerk und Handel fördern wollten und mit der militärischen Verteidigungskraft der relativ selbständigen Städte gegenüber einem äußeren Feind rechneten. Die Vertreter der Zentralgewalt schließlich sahen in dieser Art Städte ein politisches Gegengewicht gegen den Adel.

Die Verfassung der Stadt Magdeburg und die Rechtsanschauungen ihrer Schöffen haben sich im polnisch-litauischen Staat auch dann noch als ein geeignetes Modell erwiesen, als die Rücksichtnahme auf das Heimatrecht der Einwanderer nicht mehr im Vordergrund stand, als die große Siedelbewegung längst ihren Abschluß gefunden hatte. Es entsprach mehr der städtischen Wirtschaft, als das an die Agrarstruktur angepaßte altpolnische Recht[45]. Als ein weiterer Vorteil erwies es sich, daß das Recht der Stadt Magdeburg in seinen verschiedenen Bearbeitungen schon sehr früh schriftlich fixiert worden und damit viel leichter handhabbar, auch entsprechend überprüfbar war. Diese Eigenschaften trugen wesentlich dazu bei, daß sich das magdeburgische Recht zu einem der Grundtypen des Stadtrechts überhaupt entwickeln konnte. Der

45 Pauli, Polnische Literatur, S. 150.

möglichen Gefahr einer Ver- oder Überfremdung ihres einheimischen Rechts sowie der politischen und ökonomischen Abhängigkeit von fremder Herrschaft begegneten die polnischen Könige mit dem Verbot des Rechtszugs nach Magdeburg und der Gründung eigener Oberhöfe bzw. Obergerichte Magdeburger Rechts, wie z. B. in Kraków für Kleinpolen, in Poznań für Großpolen, in Lwów für Rotrußland und Podolien. Bei der Größe des geografischen Raumes könnten noch weitere vermutet werden, da diese Oberhöfe oder Obergerichte offensichtlich in die polnische und die litauische Gerichtsverfassung eingebaut waren und damit zu polnischen bzw. litauischen Rechtseinrichtungen wurden. Dafür spricht auch das Bemühen, die ursprünglich deutschsprachigen Rechtsquellen bald ins Lateinische, später in die polnische, schließlich in die ukrainische und die russische Sprache zu übersetzen, was zwar auf ein entsprechendes Bedürfnis auch in den folgenden Jahrhunderten hindeutet, aber nichts darüber aussagt, in welchem Umfang dann noch sächsisch-magdeburgisches Recht zur Anwendung kam, und ob es im Verlaufe der Entwicklung Veränderungen unterlag. Zunächst ist aber erst einmal die Feststellung notwendig, daß das sächsisch-magdeburgische Recht, so sehr es in Städten und Dörfern des polnisch-litauischen Staates verbreitet war, keineswegs die polnische oder andere Rechtsordnungen beherrschte. Nach dem in Polen bis zu den Teilungen am Ende des 18. Jh. geltenden Ständerecht stellten das Stadt- und das Dorfrecht nur einen Teil des geltenden Rechtes dar. Die bedeutendste Rolle spielte neben dem einflußreichen Kirchenrecht das polnische Landrecht (ius terrestre). Dieses Ständerecht des Adels hat sich in der Praxis der adligen Gerichte entwickelt, beruhte auf altem Gewohnheitsrecht, galt als sehr konservativ und übte einen sehr starken Widerstand gegen fremde Rechtseinflüsse aus. Da dieses Recht niemals ganz aufgezeichnet worden war, trat die im 16. Jh. aufkommende Literatur zum ius terrestre in der Gerichtspraxis an die Stelle einer fehlenden Kodifikation. Im Bereich des Dorfrechtes war der Einfluß des sächsisch-magdeburgischen Rechtes durchaus nicht gering. Es darf aber nicht außer acht gelassen werden, daß die meisten Dörfer nach den einheimischen polnischen, litauischen, weißrussischen oder ukrainischen Rechten lebten, wobei die letzteren noch an die gewohnheitsrechtlichen Regelungen der Russkaja Prawda anknüpften[46]. Es muß ferner mit einer allmählichen Polonisierung der deutschstämmigen Bevölkerung in Dorf und Stadt gerechnet werden. Die örtliche Praxis wird darüber hinaus bei den Dörfern magdeburgischen Rechts ebenso zu Umgestaltungen geführt haben, wie im Bereich des von ihm außerordentlich stark geprägten Stadtrechts, wo die Weiterentwick-

46 A. P. Tkatsch, Istorija kodifikazii dorevoluzijonogo prava Ukrainy, (Geschichte der Kodifikation des Rechts in der Ukraine vor der Oktoberrevolution), Kyiv 1968, S. 28.

lung auf der Grundlage eigener Satzungen, durch Einwirkungen königlicher Erlasse und durch Einflüsse des Adelsrechts die ursprüngliche Gestalt der deutschen Rechtsquellen allmählich zu verändern begannen. Diesem ganz natürlichen Prozeß der Anpassung an die tatsächlichen, politisch, ökonomisch und kulturell beeinflußten Lebensverhältnisse waren die Stadtrechte seit dem 14. Jh. besonders ausgesetzt, was auch dazu führte, daß das wissenschaftlich bearbeitete römische und kanonische Recht zuerst in diesem Bereich Eingang fand. Der Grund ist mit darin zu suchen, daß der sich verstärkende Wirtschaftsverkehr dringend vermögensrechtlicher Regelungen bedurfte, die über die vorhandenen weit hinausgingen. So tauchten schon ab Mitte des 13. Jh. in den Geschäftsurkunden die ersten Formeln der italienischen Notariatskunst auf, über die einzelne termini technici des in Bologna gelehrten römischen Rechts in die Urkundenpraxis jener Zeit einflossen[47]. Der Zustrom verstärkte sich, als in den fürstlichen Kanzleien und in der Stadtverwaltung gelehrte Juristen eingesetzt wurden, die anfangs ausschließlich an oberitalienischen Rechtsschulen, später an eigenen und benachbarten Universitäten, wie z. B. in Prag ab 1348 und in Leipzig ab 1409 sowie in Kraków/Krakau ab 1364, tatsächlich aber erst ab 1510[48] ausgebildet wurden. Ihr Rat war bei der Erteilung von Privilegien oder bei Vertragsabschlüssen sehr gefragt. Schließlich erforderte der Aufbau einer auf gelehrten Richtern basierenden kirchlichen Gerichtsbarkeit in weiten Teilen Europas auch für den weltlichen Bereich den Einsatz von Berufsjuristen. Mit dem Eindringen des den mittelalterlichen Verhältnissen angepaßten römischen und kanonischen Rechts waren die bisherigen Rechtsgrundlagen nicht beseitigt worden. Zunächst war sogar die Vielgestaltigkeit der Rechtsordnung noch erhöht worden, obwohl bald klar war, daß das römische Recht als Ergebnis der bereits voll entwickelten Rechtswissenschaft Italiens und Frankreichs die besten Voraussetzungen für eine Rechtsvereinheitlichung mit sich brachte. Diese setzte aber entsprechende politische Verhältnisse und eine größere Zahl von mit dem verwissenschaftlichen Recht vertrauten Juristen voraus, was im deutschen wie im polnischen Bereich nicht gleich gegeben war. Am Anfang stand hier wie zwei Jahrhunderte zuvor in Italien die Bestandsaufnahme und Einordnung der Rechtstexte zueinander, worauf schließlich die literarische Bearbeitung folgte.

Die Bestandsaufnahme und Kodifizierung der in Polen geltenden Rechtsnormen begann zu Beginn des 16. Jh., als man dort an die Errungenschaften der italienischen Renaissance[49] anknüpfte. Im Jahre 1506 veröffentlichte der

47 Helmut Coing, Römisches Recht in Deutschland (IRMAE V, 6) Milano 1964, S. 117 f.

48 Rafael Taubenschlag, Zur Geschichte der Rezeption des römischen Rechts in Polen, in: ZRG (RomA) 42 (1932), S. 325 f.

49 Bukowska-Gorgoni, a. a. O., S. 130.

Bild: Dr. Lück

Kanzler Jan Łaski, der spätere Erzbischof von Gniezno/Gnesen, eine Sammlung der in Polen angewandten Rechtsquellen[50] mit lateinischen Texten des Sachsenspiegels (versio Sandomiriensis) und des Magdeburger Weichbilds, das vor 1359 ebenfalls von Konrad aus Sandomierz übersetzt worden war. Er fügte die Mitte des 14. Jh. entstandene romanisierende Summe des Raimundus von Neapel (Parthenopeus)[51] mit der Begründung hinzu, daß sich das römische Recht in den polnischen Städten seit langem großer Autorität erfreue[52]. Diese ungenau Statut von Łaski bezeichnete Sammlung umfaßte „zwei Teile, deren erster von König Alexander bestätigt wurde und deswegen amtlichen Charakter" trug[53]. Im Jahre 1522[54] versuchte Sigismund I. ein einheitliches Gesetzbuch für alle polnischen Städte unter Berücksichtigung des römischen und teilweise auch des kanonischen Rechts zu schaffen[55]. Diesem Vorhaben[56], das auf einen Entwurf des Gnesener Kanonikus Maciej Śliwnicki mit dem Titel Sigismundi iura constitutionesque Sigismundinae zurück ging, war ebensowenig Erfolg beschieden, wie dem im Jahre 1532 von einer Sejm-Kommission erarbeiteten Entwurf eines Gesetzbuches über die Gerichtsverfassung, über Prozeß- und Strafrecht sowie einige Teile des Zivilrechtes, Correctura iurium oder Korrektur von Taszycki genannt, der 1534 abgelehnt wurde, und ähnlichen amtlichen Unternehmungen aus den Jahren 1553, 1570, 1594, 1600, 1780 (Entwurf von Andrzej Zamojski). Kodifikationen des partikularen Rechts einzelner Landesteile traten daher an die Stelle einer Gesamtregelung, wie das Erste Statut Masowiens aus dem Jahre 1532, dem 1540 das Zweite folgte, die Consuetudines oder Exzepta Ducatus Masoviae von 1576, die Consuetudines Podlachiae von 1569[57], die Preußische Korrektur (Ius terrestre nobilitatis Prussiae correctum) aus dem Jahre 1598 sowie die drei litauischen Statuten von 1529, 1566 und 1588. Auch Privatarbeiten zum geltenden Recht waren in dieser Situation für die Gerichtspraxis von großer Bedeutung. Sie gründeten

50 Commune inclyte Regni Poloniae privilegium constitutionum et indultum publicitus decretorum approbatorumque, Cracoviae 1506, vgl. Lesław Pauli, Gesetzgebung in Polen, in: Handbuch der Quellen und Literatur der neueren europäischen Privatrechtsgeschichte. Hrsg. v. Helmut Coing, Bd. II, 2 (1976), S. 553.

51 Conrad, a. a. O., S. 367, 372 mit Hinweis auf: Die Summa legum brevis et utilis des sog. Doctor Raymundus von Wiener-Neustadt, hrsg. v. A. Gál, 1926; über die Verbreitung dieser Summe in Polen, vgl. Bukowska-Gorgoni, a. a. O., S. 139, Anm. 6.

52 Bukowska-Gorgoni, a. a. O., S. 130.

53 Pauli, Gesetzgebung in Polen, S. 553.

54 Nach Pauli, a. a. O., S. 552, um 1524.

55 Bukowska-Gorgoni, a. a. O., S. 130.

56 Zum folgenden Pauli, a. a. O., S. 552.

57 Ostrowski, a. a. O., S. 7.

sich vielfach auf erweiterte Rechtsbücherausgaben, die durch königliche Bestätigung amtlichen Charakter erhielten und den Ausgangspunkt für die polnische juristische Literatur des 16. Jh. bildeten.

Im Jahre 1535 veröffentlichte der Krakauer Stadtschreiber Nikolaus Jaskier sowohl eine lateinische Übersetzung des Sachsenspiegels mit Glosse (Ius provinciale quod Speculum Saxonicum vulgo nuncupatur) als auch des Weichbilds mit Glosse (Ius Municipale Maidenburgense). Beide Ausgaben wurden von König Sigismund I. als geltendes Recht in den Stadt- und Dorfgerichten Magdeburger Rechts in Polen bestätigt. Dem Text des Sachsenspiegel-Landrechts in der lateinischen versio vulgata waren in der Ausgabe Jaskiers zwei Glossen, d. h. gelehrte Kommentare zum Sachsenspiegel beigegeben. In der einen ist die lateinische Übersetzung der ältesten von Johann von Buch verfaßten deutschen Glosse in der Bearbeitung Dietrich von Bocksdorfs zu erkennen. Jaskier legte auch die Stendaler Glosse und die Bocksdorfschen Additionen zu Grunde, die wiederum Zusätze aus anderen Glossenformen, aus sonstigen Rechtsbüchern und aus der Leipziger und Magdeburger Schöffenpraxis enthalten sowie legistische Literatur verwenden[58]. Als Vorlage für die lateinische Übersetzung des Weichbildes benutzte Jaskier eine verbreitete deutsche Ausgabe mit der im 14. Jh. entstandenen und einem sonst nicht bekannten Burchard von Mangelfeld zugeschriebenen Glosse[59]. Beide Ausgaben trugen wesentlich zur weiteren Popularisierung des römischen Rechts in Polen bei[60]. Von ihnen ging auch der Lemberger Syndikus Pawel Szczerbicz aus, als er das Weichbild 1581 „mit Fleiß und Treu" ins Polnische übersetzte[61] und den

58 Bukowska-Gorgoni, a. a. O., S. 130 f.; über das römische Recht in den Glossen, vgl. Coing, Römisches Recht in Deutschland, S. 177 ff.; über die Entstehung, vgl. Erika Sinauer, Studien zur Entstehung der Sachsenspiegelglosse, in: Neues Archiv der Gesellschaft für ältere deutsche Geschichtskunde 50 (1935), S. 493, Carl Gustav Homeyer, Die deutschen Rechtsbücher des Mittelalters und ihre Handschriften, neubearb. v. C. Borchling, K. A. Eckhardt und J. Gierke, Abt. I: Verzeichnis der Rechtsbücher. Bearb. K. A. Eckhardt, Weimar 1934.

59 Homeyer, a. a. O., S. 54.

60 Bukowska-Gorgoni, a. a. O., S. 131; Taubenschlag, a. a. O., S. 325; über die Gründe zur Einführung des römischen Rechts in den polnischen Städten, vgl. Bukowska, Das römische Recht in der Gerichtspraxis des XVI–XVIII Jh. in: Acta Universitatis Szegediensis, T. XVII (1970) S. 15 ff.

61 Ius Municipale to jest prawo miejskie majdeburskie nowo z lacińskiego i z niemieckogo na polski język z pilnościa wiernie przelożone (Ius municipale das ist Magdeburger Stadtrecht neu aus lateinischer und deutscher in polnischer Sprache mit Fleiß und Treu übersetzt) Lwów 1581, (2. Aufl.) Poznań 1610, (3. Aufl.) Warszawa 1646.

Sachsenspiegel in eine alphabetische Ordnung brachte[62]. Während die lateinischen Rechtsbücherausgaben 1602 noch in zweiter Auflage erschienen, erreichten die polnischen sogar im Jahre 1646 eine dritte. Zu dieser Zeit wurden die beiden Rechtsbücher immer noch als geltendes Recht angesehen, so daß sich die polnische juristische Literatur seit ihren Anfängen stets mit ihnen intensiv beschäftigt hat.

In der Epoche der Renaissance in Polen galten vier Persönlichkeiten als bedeutende Kenner des Stadtrechts: Johann Cervus Tucholczyk (1500–1557), Johann Cerasinus Kirstein (1507–1561), Stanislaus Eichler und Bartholomäus Groicki († 1605). Sie legten ihren wissenschaftlichen Untersuchungen die lateinischen Ausgaben des Sachsenspiegels und des Weichbilds mit Glossen von Jaskier zu Grunde. Allerdings mußte Johann Cervus Tucholczyk, der erst in Krakau, dann in Lemberg als Lehrer wirkte, in seinem Hauptwerk Farrago actionum civilium iuris Maydeburgensis aus dem Jahre 1531 zunächst erst einmal auf die lateinischen Ausgaben des Sachsenspiegels und des Weichbildes aus dem Laski-Statut zurückgreifen. Zur vierten Auflage zog er dann die inzwischen erschienenen stärker romanisierten Ausgaben von Jaskier und weitere romanistische Literatur der Rechtswissenschaft heran, so daß sich diese Auflage nicht nur deutlich von der ersten unterschied, sondern in dieser Form auch stark zur Popularisierung des römischen Rechts in Polen beitrug[63].

Johann Kirstein, genannt Cerasinus, war ein praktischer Jurist und dabei eine Zeitlang Vogt am Obergericht iuris Theutonici auf der Krakauer Burg. Sein Werk Enchiridion aliquot locorum communium iuris Maidenburgensis aus dem Jahre 1557 behandelt ausgewählte Probleme des Prozeß-, Straf-, aber im wesentlichen des Zivilrechts. Es erlebte sieben Auflagen. Die letzte erschien 1760. In dieser Abhandlung, als Lehrbuch für den angehenden Juristen gedacht, spielen das sächsisch-magdeburgische und das römische Recht eine gleichwertige Rolle. Es ist wie das Werk von Tucholczyk zur populären romanistischen Literatur zu zählen[64].

Stanislaus Eichler, Doktor beider Rechte, war Kirsteins Nachfolger als Vogt beim Obergericht iuris Theutonici in Krakau. Seine stark romanisierte Abhandlung über die Intestat-Erbfolge wäre der Vergessenheit anheim gefallen, wenn sie nicht Bartholomäus Groicki im Jahre 1567 in sein Werk

62 Speculum Saxonum albo prawo saskie i majdeburskie porządkiem obiecadla z lacińskich i niemieckich egzemplarów zebrane a na polski język z pilnością i wiernie przelożone (Speculum Saxonum oder sächsisches und Magdeburger Recht in alphabetischer Ordnung aus den lateinischen und deutschen Exemplaren gesammelt und in polnischer Sprache mit Fleiß und Treu übersetzt), Lwów 1581, (2. Aufl.) Poznań 1620, Warszawa 1646.

63 Pauli, Polnische Literatur des Magdeburger Rechts, S. 152 f.

64 a. a. O., S. 153.

Tytuly prawa majdeburskiego (Titel des Magdeburger Rechts) aufgenommen hätte[65].

Der produktivste und populärste Schriftsteller des städtischen Rechts in Polen war Bartholomäus Groicki[66]. Er absolvierte die Krakauer Universität, um danach in die juristische Praxis zu gehen. Als erster schrieb er seine juristischen Abhandlungen in polnischer Sprache, wodurch er das Recht breiteren Kreisen der städtischen Bevölkerung zugänglich machte. Seine Ziele waren noch weiter gesteckt. Er wollte dem ungelehrten Richter der Kleinstädte und der Dörfer ein Hilfsmittel an die Hand geben[67]. Im Jahre 1558 erschienen erstmals die Artykuly prawa majdeburskiego, które zowią Speculum Saxonum (Artikel des Magdeburger Rechts, die man Speculum Saxonum nennt), denen er fast ausschließlich die Texte des Sachsenspiegels und des Magdeburger Weichbildes zugrunde legte. Seine populärste Arbeit veröffentlichte er 1559 ebenfalls in Kraków/Krakau unter dem Titel Porządek sadów i spraw miejskich prawa majdeburskiego w Koronie Polskiej (Stadtgerichts- und Prozeßordnung des Magdeburger Rechts im Kronland Polen). Groicki stützt sich in diesem Werk ebenfalls auf Sachsenspiegel, auf Magdeburger Weichbild, in einigen Fällen jedoch auf den Codex Justinianus, ausnahmsweise auf das Decretum Gratiani, auf die Libri Feudorum und auf polnisches Recht. An Literatur zieht er Tucholczyks Farrago und Damhouders Praxis rerum criminalium heran. Einen noch stärkeren romanistischen Einschlag weisen die schon erwähnten Titel des Magdeburger Rechts auf. Hier überwiegen die Quellen des römischen Rechts. Doch auch in diesem Werk greift er auf Sachsenspiegel und Weichbild zurück, beachtet ferner Krakauer Willküren und einige Denkmäler des polnischen Rechts sowie die Gerichtspraxis.

Mit dem Werk Postępek sądów okolo karania na gardle (Halsgerichtsverfahren) gab Groicki den polnischen Städten 1559 ein eigenes Strafgesetzbuch an die Hand, das sich als eine Überarbeitung und teilweise eine gekürzte Übersetzung der deutschen Constitutio Criminalis Carolina von 1532 (Peinlichen Halsgerichtsordnung Kaiser Karls V.) darstellt. Als letztes Werk erschien im Jahre 1605 die Verteidigung der Waisen und Witwen (Obrona sierot i wdów), eine Umarbeitung des Werkes von Joost Damhouder: Patrocinium pupillorum et viduarum (3. Auflage 1586).

In diesem Zusammenhang verdient auch der Spanier Pedro Ruiz de Moros, Roysius genannt, Schüler des berühmten Alciatus,[68] erwähnt zu werden. Die-

65 a. a. O., S. 154.

66 Hier wie auch zu den folgenden Ausführungen über Groicki, vgl. Pauli, a. a. O., S. 154 f.

67 Heinrich Felix Schmid, in: ZRG (Germ A) 29 (1929), S. 710.

68 Taubenschlag, a. a. O.

ser ehemalige Lehrer für ius civile an der Krakauer Universität war später als Richter beim assessorischen Hofgericht in Wilna tätig, welches die höchste Instanz für die Stadtgerichte im Großfürstentum Litauen bildete. Er veröffentlichte 1563 eine Sammlung von Urteilen aus der Stadtgerichtspraxis, die er als Appellationsrichter abgefaßt hatte, mit einem umfangreichen Kommentar. In den Urteilen war das Magdeburger Recht nur Ausgangspunkt. Römisches und Kanonisches Recht bildeten den eigentlichen Inhalt[69].

Die zahlreichen Publikationen, die während des 16. Jh. in Polen zum Magdeburger Recht erschienen sind, können nach dem Vorschlag von Pauli[70] in vier Gruppen eingeordnet werden:

1. Texte des Sachsenspiegels und des Weichbildes sowie die ihnen später beigefügten romanistischen Glossen
2. Frühe Bearbeitungen des Stadtrechts auf der Grundlage des sächsisch-magdeburgischen Rechts mit Ergänzungen aus anderen Quellen
3. Spätere Bearbeitungen des Stadtrechts auf der Grundlage der polnischen Abänderungen des Magdeburger Rechts mit starken romanistischen Elementen
4. Romanistische und kanonistische Kommentare zu Sammlungen von Urteilen der Stadtgerichtspraxis

Im Verlauf des 16. Jh. trat ein deutlicher Wandel in den Anschauungen zum sächsisch-magdeburgischen Recht ein, der sich auch in der Gerichtspraxis auswirkte. Da nach wie vor offizielle polnische Gesetzbücher zum Stadtrecht fehlten, blieben zwar Sachsenspiegel und Weichbild weiterhin Quellengrundlage, aber neben sie traten in gleicher Eigenschaft die zunehmend romanisierten Werke der juristischen Schriftsteller Polens. Ein ähnlicher Vorgang ist im Heimatgebiet von Sachsenspiegel und Weichbild, in den Ländern sächsischen Rechts, festzustellen[71]. Hier wie in Polen mußte die Frage auftauchen, wie die einzelnen Quellen in die Normenhierarchie einzuordnen sind, wobei in Polen zwei fremde Rechte beachtet werden mußten: das römische und das sächsisch-magdeburgische Recht. Dem komplizierten Vorgang der Einordnung der in Polen geltenden Rechtsnormen in das von den Glossatoren und Kommentatoren entwickelte Schema des ius commune (allgemeines Recht) – ius singulare (provinciale, particulare, partikuläres Recht) durch die polnische Rechtsliteratur kann hier im einzelnen nicht nachgegangen werden. Nach den Untersuchungen von Kwiatkowska[72] wurde dem sächsisch-magdeburgischen im Verhältnis zum römischen Recht die Stellung eines partikulären Rechts eingeräumt.

69 Pauli, a. a. O., S. 155 f. 70 a. a. O., S. 156.

71 Harry Schlip, Das sächsische und magdeburgische Recht und seine Literatur in Deutschland vom 16. bis zum 18. Jh., in Studien, S. 163 ff.

72 Irena Kwiatkowska, Die Stellung des sächsisch-magdeburgischen Rechts in der

Es erhielt aber den Rang des ius commune, des allgemeinen Rechts für die polnischen Stadtrechte, was seine immer noch beträchtliche Lebenskraft in den polnischen Städten des 17. Jh. zum Ausdruck bringt. Allerdings darf der inzwischen eingetretene Wandlungs- oder Assimilationsprozeß, dem das sächsisch-magdeburgische Recht durch Einflüsse des polnischen wie auch des römischen Rechts unterworfen war, nicht außer Acht gelassen werden. Mit Rücksicht auf diesen Vorgang muß nunmehr zumindest von einem polnischen Zweig des sächsisch-magdeburgischen Rechts gesprochen werden[73]. Der Krakauer Jurist Bartholomäus Groicki prägte dafür zu seiner Zeit den Begriff ius municipale Polonicum, Johann Ostroróg wählte die allgemeine Bezeichnung ius civile, während Johann Kirstein Cerasinus sogar vom ius nostrum sprach[74].

Viele Städte und Dörfer des polnisch-litauischen Staates waren von seinen Fürsten mit Magdeburger Recht bewidmet worden. Doch dieser Staat, der im 16. Jh. seine größte Ausdehnung gefunden hatte, trat danach in eine Niedergangsphase ein, als deren Folge auch starke Gebietsverluste zu verzeichnen waren. Es bleibt daher zu klären, wie sich die rechtliche Situation der Ortschaften magdeburgischen Rechts in den abgetretenen Gebieten, also unter neuer staatlicher Herrschaft gestaltete.

Die erfolgreiche Erhebung des ukrainischen Volkes unter dem Kosaken-Hetman Bogdan Chmelnizki in den Jahren 1648 bis 1654 gegen die polnische Herrschaft konnte nur mit einem starken Bundesgenossen im Rücken von dauernder Wirkung sein, weshalb 1654 eine Vereinigung mit Rußland angestrebt und im Vertrag von Perejaslaw auch vollzogen wurde. In den sogenannten Märzartikeln des Jahres 1654 von Chmelnizki vorgeschlagen, wurden durch den höchsten staatlichen Rechtsakt, durch die Schenkungsurkunde des Zaren vom 27. März 1654 die Rechte des ukrainischen Volkes gesetzlich verankert[75]. Im Ergebnis des darauf folgenden russisch-polnischen Krieges mußte Polen 1667 im Waffenstillstand zu Andrussowo auf die Ukraine östlich des Dnjepr einschließlich Kiews verzichten. Der an Rußland abgetretene Teil erhielt eine weitgehende Autonomie. Doch im Verlaufe von hundert Jahren baute die zaristische Regierung die bestehende Selbstverwaltung der Kosaken ab und gliederte dieses Gebiet verwaltungsmäßig in ihr Reich ein. Durch die Teilungen Polens wurden schließlich seit 1772 bis auf geringe Ausnahmen die ukrainischen Gebiete mit Rußland vereinigt.

Mit der staatlichen Trennung von Polen wurde die bisherige Staats-, Ver-

Normenhierarchie nach den Anschauungen der polnischen Juristen des 16. und 17. Jh., in: Studien, S. 145 ff.

73 Pauli, a. a. O., S. 151.

74 Lesław Pauli, Polnisches Recht, in: HRG, Band 3, Sp. 1808 ff. hier Sp. 1811.

75 Tkatsch, a. a. O., S. 23.

waltungs- und Gerichtsorganisation auf der Grundlage von Wojewodschaften durch eine neue, durch die der autonomen Macht der linksufrigen Ukraine ersetzt, wovon allerdings die Selbstverwaltung von Orten magdeburgischen Rechts unberührt blieb. Entsprechend der neuen Verwaltungsstruktur wurde auch die Gerichtsorganisation nach Dorf-, Hundertschafts-, Regimentsgerichten und dem Generalgericht gegliedert. Diese Ordnung blieb bis 1763 bestehen. Danach trat eine Gerichtsorganisation nach dem Vorbild des litauischen Statuts mit Landes-, Burg- und Kammergerichten in Kraft[76]. Sie galt bis 1782 und nochmals von 1796 bis 1842. Wie vorübergehend zwischen 1782 und 1796 wurde nun endgültig das russische Gerichtssystem eingeführt.

In den Verträgen mit Rußland und später unter russischer Herrschaft wurden dem ukrainischen Volk die „althergebrachten Rechte und Gewohnheiten" zuerkannt, worunter ein relativ vollkommen ausgebildetes Gewohnheitsrecht und, obwohl anfangs noch nicht ausdrücklich erklärt, die unter polnisch-litauischer Herrschaft zur Geltung gelangten Rechtsquellen zu verstehen sind. Im einzelnen gehörten dazu: das litauische Statut von 1588 in polnischer Übersetzung, die lateinische Übersetzung des Sachsenspiegels und des Weichbildes von Jaskier mit den Glossen, die polnische Übersetzung des Weichbildes (Ius municipale) und die alphabetische Ordnung des Sachsenspiegels in polnischer Sprache von Szczerbicz, die in den Gerichtsakten mit „Saxon" abgekürzt wurde, sowie die vier Werke von Groicki: Ordnung der städtischen Gerichte und Angelegenheiten nach Magdeburger Recht, Artikel des Magdeburger Rechts, Titel des Magdeburger Rechts und die Halsgerichtsordnung. Diese widersprüchlichen und für die meisten Ukrainer fremdsprachigen Quellen waren in der Gerichtspraxis bald ein erhebliches Hindernis, so daß schon 1720 an eine sinnvolle Ordnung der Rechtsquellen gedacht wurde. Wenig später, am 16. Mai 1721, sah sich der Hetman Skoropadski veranlaßt, das litauische Statut, den Sachsenspiegel und das Buch „Ordnung" von Groicki „aus dem polnischen Dialekt in unsere russische Mundart" übersetzen zu lassen, worunter damals die ukrainische Sprache verstanden wurde. Schon zu dieser Zeit wurden vier Fachleute mit der durchaus wichtigen Vorarbeit betraut. Von einem erfolgreichen Abschluß ist nichts bekannt. Mit einer Übersetzung konnte dem allgemeinen Übelstand auf dem Gebiete des Rechts zwar nicht abgeholfen werden, aber zumindest geht aus den eingeleiteten Maßnahmen hervor, daß ganz offiziell von der Weitergeltung der namentlich aufgeführten Rechtsquellen ausgegangen wurde, die dann sieben Jahre später sogar zu einer Kodifikation

76 Andrij Jakowliw, Das deutsche Recht in der Ukraine und seine Einflüsse auf das ukrainische Recht im 16.–18. Jahrhundert, Leipzig 1942, S. 121 ff.; Jakowliw wird von Tkatsch eine einseitige und formale Betrachtungsweise vorgeworfen, a. a. O., S. 70.

zusammengefaßt werden sollten. Dieses Vorhaben entsprach der politischen Interessenlage. Die russische Regierung hielt es zu dieser Zeit noch für angebracht, auf die ukrainischen Herrschaftsverhältnisse Rücksicht zu nehmen, ließ ihre Bemühungen um die Anpassung des ukrainischen an das russische Recht aber nie aus dem Auge. Auf der anderen Seite wollte sich der ukrainische (Klein)-Adel über den bestehenden Rechtszustand, insbesondere mit Hilfe des Litauischen Statuts, seine Sonderrechte sichern[77].

Im Jahre 1728 unterbreitete der im selben Jahr zum Hetman gewählte Danylo Apostol dem Zaren einen Vertragsentwurf zum Druck einer Ausgabe der kleinrussischen Gesetze. Als Antwort darauf erließ Zar Peter I. einen Ukas, in dem der Punkt 20 eine wichtige Rolle spielte. Darin wurde erst einmal ganz allgemein auf das Nebeneinander widersprüchlicher Rechte in der Ukraine verwiesen, worunter ausdrücklich das Magdeburger Recht und das Sachsenstatut (Sachsenspiegel), nicht aber die Litauischen Statuten aufgezählt wurden. Um diesen Zustand zu verbessern, sollten die Gesetze, nach denen das kleinrussische Volk die Rechtspflege übt, vermutlich zur Information und Kontrolle für die russischen Behörden in die großrussische Sprache übersetzt und die verschiedenen Rechtsquellen zu einem Kodex zusammengefaßt werden. Das Ergebnis sollte dem Senat zur Genehmigung vorgelegt werden.

Der sofort eingesetzte Ausschuß begann unter der Leitung von Generalrichter Iwan Borosna unverzüglich mit der Arbeit. Über seine weitere personelle Zusammensetzung in den Anfängen ist nichts bekannt. Im Jahre 1734 bestand er aus 12 Mitgliedern, unter denen sich fünf Geistliche der orthodoxen Kirche und ein Vertreter des Kiewer Magistrats befanden. Ein erkennbares Übergewicht hatten die Kosaken mit leitenden Funktionen, was sich 1738 noch deutlicher zeigte. Von den 17 Mitgliedern übten wiederum fünf Geistliche ihre Tätigkeit aus, während alle anderen zu den führenden Vertretern des Kosakentums zählten. Die Leitung lag nunmehr in den Händen von Jakiw Lisogub, nachdem Iwan Borosna kurz zuvor verstorben war. Zwischen den Mitgliedern des Ausschusses kam es zu Kontroversen, weil sich die Interessenvertreter der Grundherren nur auf die Überarbeitung des für sie günstigen Litauischen Statuts beschränken wollten, während die Vertreter des ukrainischen Kleinadels und der oberen Schichten des Kosakentums sämtliche Quellen bearbeitet wissen wollten. Sie konnten sich letztendlich durchsetzen, und so schloß der Ausschuß seine Arbeit 1743 erfolgreich ab, nachdem ein aus 14 Mitarbeitern bestehender Unterausschuß schon fünf Jahre zuvor die umfangreichen Übersetzungsarbeiten beendet hatte[78]. Der Entwurf der „Rechte, nach denen in der Ukraine die Rechtspflege geübt wird", wie er vom russischen Statthalter in der Ukraine I. Bibikow am 27. Juni 1744 zur Überprüfung in den russischen

77 Tkatsch, a. a. O., S. 34, ausführlicher S. 67 ff.

78 Tkatsch, a. a. O., S. 78 ff.

Senat eingebracht wurde, ehe er dem Zaren vorgelegt werden konnte, enthielt eine Instruktion der Kodifikationskommission, ein Vorwort und den eigentlichen Text mit Bestimmungen aus dem Zivil-, Familien-, Straf- und Prozeßrecht in 30 Abschnitten, die in 531 Artikel und letztere wiederum in 1716 Punkte untergliedert waren. Erläuterungen und Register vervollständigten eine umfangreiche und nicht leicht zu bewältigende Arbeit, die von einem guten Bildungsstand der eingesetzten Ausschußmitglieder zeugt. Welche Gründe den russischen Senat dann bewogen hatten, den Entwurf zwölf Jahre liegen zu lassen,kann nicht mehr eindeutig bestimmt werden. Vermutlich war er zu sehr Ausdruck einer politischen Autonomie der Ukraine, wie sie in diesem Umfang gar nicht mehr bestand oder doch nicht mehr bestehen sollte. Mit der Verordnung vom 20. Mai 1756 ging der Entwurf über den 1750 in Gluchow offiziell gewählten Hetman Kyrylo Rozumowski an die Kommission zur Korrektur und Ergänzung „entsprechend den neuen Belangen der Zeit" zurück. Die Verantwortlichen bei der Leitenden Kosakenkanzlei und beim Generalgericht zogen aus dem langen Schweigen des Senats die entsprechenden politischen Schlußfolgerungen. Sie ließen zusätzliche Materialien sammeln und unter der Bezeichnung „Sammlung ukrainischer Rechte" zu einem neuen Entwurf aufbereiten, welcher weit weniger Differenzen zur russischen Gesetzgebung aufwies. Dieser wie alle anderen Versuche in den Jahren 1756, 1759, 1761 und 1763, den ursprünglichen Entwurf „mit den Belangen der Zeit in Einklang zu bringen", mußten scheitern, weil der Entwurf von 1743 und seine Überarbeitungen den politischen Interessen des russischen Absolutismus und seiner Gesetzgebung widersprachen. Mit dem Tod der Zarin Elisabeth im Jahre 1761 fand auch die Autonomie der Ukraine ihr Ende. Die neue Kaiserin Katharina II., welche ihre Herrschaft nach der kurzen Regierung ihres Gemahls Peter III. angetreten hatte, strebte eine Zentralisierung ihres Reiches und damit auch eine Russifizierung der bisher autonomen Ukraine an. Im Jahre 1764 hob sie das Hetman-Amt auf und übergab die ukrainische Verwaltung an das Kleinrussische Kollegium unter der fast zwanzigjährigen Leitung des russischen Generals Rumjanzew. Damit war auch das Schicksal des Entwurfs über die kleinrussischen Rechte besiegelt. Der geplante Kodex der Gesetze, nach denen das kleinrussische Volk Rechtspflege übt, trat niemals in Kraft. So blieb das Bedürfnis nach einem informativen Überblick über das in der Gerichtspraxis anzuwendende Recht nach wie vor bestehen. Daraus wird verständlich, daß in den folgenden Jahren Exemplare oder Abschriften sowohl von den russischen Übersetzungen der Rechtsbücher als auch vom Kodifikations-Entwurf in Umlauf kamen und ferner, daß ukrainische Rechtslehrer auf dieser Grundlage Hilfsmittel für die Praxis in Druck gaben[79].

79 Jakowliw, a. a. O., S. 177 ff.

So berichtet Tkatsch[80] von zwei Sammelwerken, die im 18. und 19. Jh. in Gebrauch waren. Das eine umfaßte unter dem Titel „Kniga Serzalo Saksonov ili pravo saksonskoje i magdeburgskoje" (Buch des Sachsenspiegels oder sächsisches und magdeburgisches Recht) zahlreiche Bestimmungen des Sachsenspiegels, des Magdeburger Weichbildes aus der Arbeit von Szczerbicz sowie des Kulmer Rechts aus der Arbeit von Kuszewicz in russischer Sprache. Das zweite Sammelwerk mit dem Titel „Kniga porjadok prav grashdanskich" (Buch der Ordnung des Zivilrechts) enthielt in seinen acht Teilen im wesentlichen die Übersetzung der Arbeiten Groickis ins Russische, und zwar im einzelnen die Ordnung der Zivilrechte, die Artikel des Magdeburger Rechts, den Prozeß auf der Grundlage der kaiserlichen Rechte, worunter Bestimmungen der Constitutio Criminalis Carolina gemeint waren, ein Statut über Geldstrafen für Gerichte des Magdeburger Rechts, Ergänzungen zum Buch Ordnung und zu den Artikeln des Magdeburger Rechts, die Verteidigung der Waisen und Witwen auf der Grundlage von Damhouders Werk sowie das Enchiridion von Kirstein.

In diesen Sammelwerken fehlt die Übersetzung des Litauischen Statuts von 1588 ins Russische, was nach dem Plan des Kodifikationsausschusses ebenfalls vorgesehen war. So blieb in der Ukraine zunächst die Wilnaer Ausgabe, die sogenannte Mamonitsch-Fassung in der ukrainisch-weißrussischen Kanzleisprache sowie ihre Übersetzung ins Polnische aus dem Jahre 1614 in Gebrauch[81], ergänzt durch das Tribunal des Großfürstentums Litauen von 1581, d. h. durch ein Werk über den Status des obersten Gerichts. In dieser Fassung wurde das Litauische Statut in der offiziellen russischen Fassung von 1811 herausgegeben, woraus zu entnehmen ist, daß diese Quelle durch die russischen Behörden erst im letzten Drittel des 18. Jh. anerkannt wurde[82].

Der Kodifikations-Entwurf der „Kleinrussischen Gesetze" fand nach dem Scheitern in Abschriften Verbreitung. Für die zweite Hälfte des 18. Jh. konnten inzwischen fünf ermittelt werden[83]. Aus ihnen ist zu entnehmen, daß der geplante Kodex „Gesetze, nach denen das Ukrainische Volk Rechtspflege übt" in einem Werk grundlegende Bestimmungen des Staats-, Verwaltungs-, Zivil-, Straf- und Prozeßrechts vereinigen wollte. Dazu hatte der Ausschuß folgende Quellen benutzt: das Litauische Statut von 1588, den Sachsenspiegel, das Magdeburger Weichbild, das Kulmer Recht, sämtliche Werke Groickis, das Enchiridion von Johann Kirstein Cerasinus, die Werke von Benedikt Carpzow

80 Tkatsch, a. a. O., S. 41 f.

81 Über weitere Übersetzungen in den Jahren 1619, 1648, 1693, 1744, 1786 und 1819 ins Polnische vgl. Pauli, Gesetzgebung in Polen, S. 554.

82 Tkatsch, a. a. O., S. 37 f.

83 a. a. O., S. 96; Jakowliw, a. a. O., S. 180.

Practica nova Imperialis-Saxonica rerum criminalium, Processus iuris in foro Saxonico und Jurisprudentia forensis Romano-Saxonica, das ukrainische Recht, wie es aus den Verträgen mit dem russischen Staat, aus den Hetman-Universalen und aus Regierungsverordnungen entnommen werden konnte, das umfassende Gewohnheitsrecht der Ukraine, darunter besonders auch das des Saporoger Setsch[84] sowie in relativ geringem Umfange russisches Recht.

Auf der Grundlage dieser Quellen arbeiten auch die ukrainischen Rechtslehrer, die in erster Linie bemüht waren, ihre Schüler in die Gerichtsverfassung und in die Prozeßordnung einzuführen. Eine Besonderheit ihres Wirkens bestand darin, daß keine dieser Arbeiten zu ihrer Zeit gedruckt worden waren, sondern als eine Art Lehrmaterial in Abschriften von Hand zu Hand gingen. Bedauerlicherweise sind die Verfasser in den meisten Fällen unbekannt geblieben. Es gilt dabei jedoch zu bedenken, daß die entsprechenden wissenschaftlichen Einrichtungen fehlten. Mit den notwendigen Druckprivilegien versehene Universitäten entstanden in Lwów 1661, als die linksufrige Ukraine schon selbständig war, in Charkow, das selber erst 1653 gegründet wurde, im Jahre 1804 und in Kiew, der Mutter der russischen Städte, erst 1834. Die ukrainischen Rechtslehrer waren also keine Rechtswissenschaftler im west- und mitteleuropäischen Sinne, sondern vermutlich hervorragend geschulte Praktiker, die ihre langjährigen Erfahrungen im Recht an Jüngere mündlich und auch schriftlich weitergaben.

So erschien im Jahre 1734 ein Leitfaden zum Prozeß unter dem Titel „Proces kratkyj prykaznyj, vydanyj pry rezidencii hetmanskoj 1734 hoda, avgusta 18 dn'a" (Kurzer Gerichtsprozeß, herausgegeben an der Hetman Residenz am 18. August 1734). Da sich die Hetman-Residenz in Gluchow befand, wo auch die Kodifikationskommission wirkte, liegt der Gedanke nahe, daß ein Kommissionsmitglied als Verfasser des „Kurzen Prozesses" in Frage käme. Ein eindeutiger Beweis ist allerdings noch nicht zu erbringen[85]. Obwohl der unbekannte Verfasser das Litauische Statut, Groickis Porządek und das Speculum Saxonum in alphabetischer Ordnung von Szczerbicz verwertet hatte, näherte sich der hier dargestellte Prozeß schon stark dem russischen mit seiner Schriftlichkeit im Zivilverfahren und dem Inquisitionsprinzip im Strafverfahren, woraus generell entnommen werden kann, daß sich die Einflüsse des russischen Staates und Rechts auf die autonome Macht der Ukraine zu verstärken begannen, im speziellen aber, daß die russische Verordnung über das Gerichtsverfahren vom 5. November 1723, die schon wenige Monate später, am 1. Januar 1724, offiziell auch in der Ukraine in Kraft trat, nicht unbeachtet geblieben war. Im „Kurzen Prozeß" fanden die daraus resultierenden Ver-

84 Tkatsch, a. a. O., S. 29.
85 a. a. O., S. 93.

änderungen in modifizierter Form Berücksichtigung. Sie zeigen, daß der Verfasser nach dem Vorbild der Praxis, vom alten ukrainischen Gerichtssystem ausgehend, eine Anpassung an die neuen, russischen Bestimmungen vornahm. Er übersah auch nicht die Neuerung des Jahres 1730, nämlich die Ausgliederung der Magistratsgerichte in Städten mit vollem Magdeburger Recht aus dem allgemeinen Gerichtssystem. Zu diesen Städten zählten Kiew, Tschernigow, Njeshin, Perejaslaw, Starodub, Oster, Koselez, Nowgorod-Sjewerski, Potschep, Mglin, Ljubetsch und schließlich später auch Poltawa, das erst 1752 Magdeburger Recht erhielt, aber es zuvor schon geübt haben soll[86]. Sogar die Hetman-Residenz Gluchow soll 1767 um Magdeburger Recht nach dem Vorbild von Njeshin gebeten haben[87].

Im Jahre 1743 entstand eine Überarbeitung des „Kurzen Prozesses" unter dem Titel „Der Akzeß oder die Kanzleiordnung für Beobachtungen in Kleinrußland in den Kanzleien der Regimenter, Magistrate und Hundertschaften sowie in der Hetman-Kanzlei. Die Zusammenstellung wurde am 18. August 1743 vollendet". Die hierin vorgenommenen Veränderungen gehen vermutlich auf die inzwischen gewonnenen Erkenntnisse der Kodifikationskommission[88] zurück, die ihre Arbeit zum selben Zeitpunkt abgeschlossen hatte.

Dem „Kurzen Prozeß" sind schließlich einzelne Ergänzungen angefügt worden, die sich jedoch in den verschiedenen Fassungen vom Umfang her wesentlich unterscheiden[89]. Zu ihnen werden zwei Arbeiten gerechnet, die auch als selbständige Leitfäden unter den Titeln aufgeführt werden: „Prava Malorossijskije z knyh Statuta, Saksona i Pora'dku vypisannyje (Kleinrussische Gesetze, aus den Büchern Statut, Saxon und Porządek herausgeschrieben)" und „Ekonomika kratkaja, kak po onoj sebe možet osterehty potrochu čolovik osidlyj, žyvučy hospodarem, punktamy izobražena; kotoriy punkta sohlasny pravam malorossijs' kym a jakym imenno, v jakych pravnych knyhach napysannych, o tom pod vs'akym punktom ti prava cytujut's'a (Kurze Ökonomik, wie danach ein ansässiger, wirtschaftlich lebender Mensch sich einigermaßen in acht nehmen kann, nach Punkten dargestellt; welche Punkte mit den kleinrussischen Gesetzen übereinstimmen, und zwar mit welchen Gesetzen, in welchen Rechtsbüchern sie geschrieben stehen, darüber werden jene Gesetze unter jedem Punkt zitiert)"[90]. Beide Arbeiten, die zwischen 1730 und 1740 (Kurze Ökonomik) bzw. zwischen 1744 und 1757 entstanden sein sollen, widerspiegeln das

86 Jakowliw, a. a. O., S. 153, 203; Alfred Halban, Zur Geschichte des deutschen Rechtes in Podolien, Wolhynien und der Ukraine, Berlin 1896, S. 49 f.

87 Halban, a. a. O., S. 52.

88 Tkatsch, a. a. O., S. 97.

89 a. a. O., S. 96.

90 Jakowliw, a. a. O., S. 155 ff.

Bemühen, Ordnung in das geltende Recht zu bringen. Darauf bis ins einzelne einzugehen, ist insofern müßig, als schon umfängliche Untersuchungen vorliegen[91] und hier nur von Bedeutung ist, daß das sächsisch-magdeburgische Recht in den genannten Leitfäden zur Gerichtspraxis ebenfalls Beachtung fand. In dieser Hinsicht sind noch weitere Arbeiten aus jener Zeit erwähnenswert, von denen zwei den großen Vorteil aufweisen, daß uns ihre Verfasser bekannt sind.

Im Jahre 1750 erschien unter dem Titel „Sud i rosprava v pravach Malorossijskich, obširno na raznych mistach pokanzannyja, a zde v jedyn kratkyj i jasnyj exzerpt, v prekraščenije gor'koj v sudach volokyty, sobrannaja, v poleznoje že upotreblenije malorossijanamn opisannaja roku ot R. Ch. 1750, 18. okt'abr'a (Gerichtsverfassung und Prozeßordnung nach den kleinrussischen Gesetzen, ausführlich an verschiedenen Stellen beschrieben, hier aber in einem kurzen und klaren Exzerpt gesammelt, zur Verhütung der bitteren endlosen Verzögerung bei den Gerichten und zur nützlichen Verwendung für die Kleinrussen geschrieben am 18. Oktober 1750)" die Arbeit eines hohen Kosakenoffiziers, der zugleich einer der gebildetsten und erfahrensten praktischen Juristen und Rechtsgelehrten des 18. Jh. war: Fedor Tschujkevytsch. Er entstammte dem ukrainischen Kleinadel und vertrat dessen Interessen. In den Jahren von 1750 bis 1758 erarbeitete er einen privaten Kodifikationsentwurf zum ukrainischen Recht, dessen erste Teile 1750 abgeschlossen und anderthalb Jahr später dem Hetman Rozumowski übergeben wurden. Die weiteren, abschließenden Kapitel fertigte er in den folgenden Jahren an. Das gesamte Werk stellte den Versuch dar, das ukrainische Recht zur Vorbereitung einer Gerichtsreform zu systematisieren. Seine Ideen flossen in die Gerichtsreform von 1763 ein, die eigentlich ein Abbild der früheren polnischen adligen Gerichtbarkeit zugunsten des ukrainischen Adels darstellt. Es nimmt deshalb nicht wunder, daß die „Gerichtsverfassung und Prozeßordnung" häufig für die Gerichtspraxis abgeschrieben wurde. Tschujkewitsch, dessen Vater im übrigen Mitglied der ukrainischen Kodifikationskommission von 1728 war, legte seiner Arbeit neben zahlreichen anderen Quellen auch Bestimmungen des sächsisch-magdeburgischen Rechtes zugrunde[92], was auch auf die Arbeit von W. Kondratjew unter dem Titel „Kniga Statut ta inschi prava malorossijski" (Das Buch Statut und andere ukrainische Rechte), die 1764 zusammengestellt wurde, sowie auf die von dem Generalgouverneur P. Rumjanzew veranlaßte und von O. Besborodko herausgegebene offizielle Sammlung des ukrainischen Rechts (Extrakt der ukrainischen Rechte von 1767) zutrifft. In den folgenden Jahren sind mit dem „Extrakt aus den Erlassen, Instruktionen und Richtlinien (des

91 Zuletzt Tkatsch, a. a. O., S. 91 ff.
92 a. a. O., S. 107 ff.; Jakowliw, a. a. O., S. 159 ff

Senats) von 1786" und mit der „Sammlung kleinrussischer Rechte von 1807" noch weitere Arbeiten erschienen, in denen auf die geltenden Bestimmungen des sächsisch-magdeburgischen Rechts verwiesen wird[93], wie auch aus der gründlichen Materialsammlung von N. Wasilenko zu entnehmen ist[94].

Nach Abschaffung des Hetman-Amtes im Jahre 1764 wurde zunehmend die russische Gesetzgebung zur Hauptquelle des Rechts. Mit ihrer Hilfe wurden die autonomen Institutionen im Jahre 1781 von einem neuen Verwaltungs- und Gerichtssystem abgelöst, in dem die „althergebrachten Rechte" zwar noch eine Zeitlang fortbestanden, aber nur eine zweitrangige Rolle spielten. Doch vorerst waren sie nicht abgeschafft worden. Nach der russischen Verordnung vom 10. November 1764, die General Rumjanzew mit allen Vollmachten ausstattete, blieben das örtliche Gerichtssystem wie auch das Litauische Statut, die Bücher des Magdeburger Rechts und das ukrainische Gewohnheitsrecht nach wie vor in Geltung, ihre allmähliche Aushöhlung durch einzelne russische Rechtsakte war jedoch unübersehbar[95].

Die Ausdehnung der russischen Gesetzgebung auf das materielle Recht der Ukraine trat zuerst auf dem Gebiet des Strafrechts in Erscheinung. So wurde die zaristische Verordnung über Bestrafung wegen Diebstahls aus dem Jahre 1799 schon ein Jahr später in der Ukraine rechtskräftig. Ab 1821 galten die Bestimmungen des örtlichen Strafrechts nur noch dann, wenn in der Gesetzgebung des russischen Reiches entsprechende Normen fehlten, und ab 1828 wurden einige Strafbestimmungen des Litauischen Statuts für unzulänglich erklärt[96].

Die Bestimmungen des Litauischen Statuts und des Magdeburger Rechts in seiner polnischen Ausgestaltung entsprachen auf dem Gebiet des Zivilrechts nicht immer den inzwischen erreichten sozialökonomischen Verhältnissen, weshalb schon am Anfang des 19. Jh. eine Kodifikation des Zivilrechts angeregt wurde. Die daraus hervorgegangenen Entwürfe fanden nicht die Zustimmung des Zaren, der die bestehende fronherrlich-feudale Ordnung nicht nur nicht in Gefahr bringen wollte, sondern sie auf dem Lande weiter zu festigen und auszudehnen suchte[97]. So blieb es bei dem Nebeneinander und der Unvollkommenheit der geltenden Rechtsnormen und bei der Verwirrung der Gerichte. An die Stelle einer geplanten Kodifikation traten im Rahmen der Russifizierung der Randgebiete die Einschränkung, dann die Aufhebung der „althergebrachten Rechte". Erst nachdem im Jahre 1832 in Rußland selber,

93 Tkatsch, a. a. O., S. 119 ff., 123 ff.

94 Materijaly do istorii ukrains'koho prava, Kyiv 1929.

95 Tkatsch, a. a. O., S. 53.

96 a. a. O., S. 54.

97 a. a. O., S. 55.

entscheidend gefördert durch die Initiative des Grafen Speranskij (1772–1839), die Gesamtheit des geltenden Rechts im Svod Sakonov Rossijskoj Impjerii (Gesetzsammlung des Russischen Kaiserreichs) zusammengefaßt worden war und vom 1. Januar 1835 an Gesetzeskraft erhielt[98], trat die entscheidende Veränderung für die Bücher Magdeburger Rechts ein. Durch die russische Verordnung vom 3. Juli 1835 wurde untersagt, in der Ukraine vom Magdeburger Recht Gebrauch zu machen. Das Litauische Statut, in dem mittelbar sächsisch-magdeburgisches Recht enthalten war, trat außer Kraft, als durch die Verordnung vom 25. Juni 1840 die Gesetzgebung des russischen Reiches für alle westlich des Dnjepr gelegenen, durch die drei Teilungen Polens und die Bestimmungen des Wiener Kongresses an Rußland gefallenen Gebiete verbindlich wurde. Zwei Jahre später galt diese Regelung auch für die linksufrige Ukraine, also für die östlich des Dnjepr gelegenen ukrainischen Gebiete[99].

In den vom russischen Reich inkorporierten Gebieten hielt sich der alte, vor der Teilung Polens vorhandene Rechtszustand wegen der unveränderten sozialökonomischen Verhältnisse am längsten, so daß dort noch sehr lange das sächsisch-magdeburgische Recht polnischer Prägung als Rechtsquelle Berücksichtigung fand. In den an Österreich gefallenen Gebieten Polens wurde dagegen sehr bald schon österreichisches Recht eingeführt. So trat auf dem Gebiet des Strafrechts am 17. Juni 1796 das Strafgesetzbuch für Westgalizien in Kraft. Ihm folgte ab 1. Januar 1804 das für das Kaiserreich Österreich (außer Ungarn) geltende Strafgesetz über Verbrechen und schwere Polizei-Übertretungen von 1803, auch Franciscana genannt. Es war für die ehemals polnischen Gebiete des Kaiserreichs ebenfalls verbindlich, so z. B. von 1815 bis 1846 für die Freie Stadt Krakau, von 1809 bis 1815 für vier Departements des Herzogtums Warschau, von 1815 bis 1818 für die entsprechenden Wojewodschaften des Königreichs Polen (Kongreßpolen)[100]. In Anlehnung an die Franciscana wurde hier im April 1818 von beiden Kammern der Kodeks karzacy Królestwa Polskiego (Strafgesetzbuch für das Königreich Polen) verabschiedet und erlangte im selben Monat die Bestätigung von Zar Alexander I. in seiner Eigenschaft als König von Polen[101].

98 Lesław Pauli, Polen, in: Handbuch der Quellen und Literatur der neueren europäischen Privatrechtsgeschichte, Bd. III, 2, München 1982, S. 2110 für die Entwicklung des Zivilrechts; ders. Poenae propriae. Das Problem der Sonderstrafen in der europäischen Gesetzgebung aus den Jahren 1751–1903 (Prace Prawnicze Zeszyt 95), Warszawa – Kraków 1982, S. 16 ff. für das Strafrecht (S. 23); über die russische Gesetzgebung des 19. Jh., vgl. Norbert Reich, Rußland, in: Handbuch der Quellen und Literatur der neueren europäischen Privatrechtsgeschichte, Bd. III, 2, S. 2281 ff.

99 Tkatsch, a. a. O., S. 57.

100 Pauli, Poenae propriae, S. 17 ff.

101 a. a. O., S. 22.

Auf dem Gebiet des Zivilrechts wurde gegen Ende des 18. Jh. stufenweise österreichisches Recht eingeführt. Dieser Prozeß fand mit dem österreichischen Gesetzbuch für Westgalizien von 1787, das am 1. Januar 1798 in beiden Galizien in Kraft trat, seinen ersten Abschluß. Durch dieses Gesetz wurden mit dem polnischen Recht auch die noch geltenden Bestimmungen des sächsisch-magdeburgischen Rechts verdrängt. Ab 1. Januar 1812 galt hier wie in den seit 1815 Österreich wieder zugesprochenen ehemals polnischen Gebieten das Österreichische Allgemeine Bürgerliche Gesetzbuch von 1811, das seit dem 1. Januar 1812 in Kraft getreten war, so z. B. seit 1. November 1815 in den Kreisen Podgórze und Wieliczka, seit 1. Februar 1816 im Distrikt Tarnopol und seit dem 20. April 1852 im Gebiet der ehemaligen Freien Stadt Krakau, zunächst auf dem Gebiet des Eherechts, seit 29. September 1855 auf allen zivilrechtlichen Gebieten. In den ehemals polnischen Gebieten der Zips und in Arva galt nach 1772 ungarisches Recht[102].

Die durch die Teilungen Polens in das Königreich Preußen einverleibten polnischen Gebiete verloren mit der Einführung des Allgemeinen Landrechts für die preußischen Staaten von 1794 und seiner Wiedereinführung am 1. März 1817 ebenfalls ihr bisheriges Recht. Im 1807 entstandenen Herzogtum Warschau wurde der französische Code Napoléon eingeführt, seit 1814 Code civil genannt. Dieses Gesetzbuch galt auch in den vormals preußischen und vormals österreichischen Gebieten durch Erlaß des Königs von Sachsen und Herzog von Warschau vom 27. Januar 1808 (mit Wirkung vom 1. Mai 1808) bzw. vom 9. Juni 1808 (mit Wirkung vom 15. August 1810). Nach Untergang dieses halbsouveränen Staatsgebildes und der Gründung des Königreichs Polen (Kongreßpolen) im Jahre 1815 blieb das Napoleonische Gesetz bis auf geringfügige Änderungen weiter in Geltung. Da alle polnischen und auch russischen Kodifikationsversuche für Zentralpolen scheiterten, haben die Vorschriften des Code civil die Zarenherrschaft überdauert, ja galten zum Teil bis 1946[103].

Der politische Zerfall des Königreichs Polen am Ende des 18. Jh. und die Macht seiner großen Nachbarn veränderten die Rechtslandschaft dieses Raumes ganz entscheidend. Darüber hinaus war jetzt der Zeitpunkt erreicht, an dem die staatliche Gesetzgebung und die großen Kodifikationen mit der Vielfalt der bisher geltenden Rechtsquellen nachhaltig aufräumen mußten und organisatorisch aufräumen konnten. Ihnen fiel das sächsisch-magdeburgische Recht in seiner polnischen Ausgestaltung ebenfalls zum Opfer, wobei kaum ein Zweifel darüber besteht, daß auch in einem starken polnischen Staat eine Kodifikation des geltenden Rechts notwendig und sicher erfolgreich gewesen wäre. Ob und inwieweit darin Bestimmungen des sächsisch-magdeburgischen Rechts

102 Pauli, Polen, S. 2109.
103 a. a. O., S. 2106.

eingeflossen wären, muß dahingestellt bleiben. Mit dieser hypothetischen Überlegung ist der Bereich der Theorie erreicht, womit hier abgeschlossen werden soll.

Das ius Theutonicum war ein Produkt einer frühen Siedlerbewegung. Sie wurde im wesentlichen von deutschen Auswanderern getragen, die seit der Wende zum 13. Jh. in slawische Herrschaftsgebiete gerufen wurden. Im Verlaufe der Entwicklung engte sich das ius Theutonicum auf das Lübische Recht am südlichen Ostseesaum, auf süddeutsches Stadtrecht in Südosteuropa und auf das hier interessierende Magdeburger Recht in Osteuropa ein, das im Magdeburger Weichbild und im Sachsenspiegel schon früh seinen schriftlichen Ausdruck fand. Die den deutschen Siedlern gewährten rechtlichen Vorteile und die auf Selbständigkeit orientierte Stadtverfassung erweckten das Interesse der einheimischen Bevölkerung, so daß sowohl unabhängig von der Siedelbewegung als auch im Zusammenhang mit der Ansiedlung polnischer und ukrainischer Bauern in östlich und südöstlich gelegene menschenleere Wirtschaftsräume eine Umsetzung bzw. Neuansetzung auf sächsisch-magdeburgisches Recht angestrebt wurde. Zahlreiche Städte, aber auch kleinere Ortschaften erhielten von den Königen bzw. Großfürsten des ausgedehnten polnisch-litauischen Staates ein Privileg zu Magdeburger Recht. Hierin muß ein Rezeptionsvorgang, die freiwillige Aufnahme eines ursprünglich fremden, des sächsisch-magdeburgischen Rechtes gesehen werden, dem zwangsläufig ein Assimilationsprozeß folgen mußte. Es entstand der polnische Zweig dieses Rechts, wobei zu seiner Umformung die literarische Bearbeitung der Quellen durch polnische Wissenschaftler eine nicht geringe Rolle spielte. In dieser Gestalt blieb es bis zum Ende des 18. Jh. für das Königreich Polen geltendes Recht. Auch für die inzwischen autonome Macht in der Ukraine und später für das russische Reich gehörte das den polnischen Verhältnissen angepaßte sächsisch-magdeburgische Recht in den ehemals polnischen Gebieten als litauisch-polnisches Recht zu den „althergebrachten" Rechten, die weiterhin in der Gerichtspraxis Anwendung fanden. Darin kann kein Rezeptionsvorgang gesehen werden, weil es sich hier grundsätzlich um die Weitergeltung bestehender Rechte unter einer neuen Herrschaft und mit ihrer Duldung handelte. So wenig sich die gesellschaftlichen und wirtschaftlichen Verhältnisse unter der neuen Herrschaft änderten, so wenig Bedarf lag zunächst vor, das geltende Recht zu erneuern, zumal es in einer der Gerichtspraxis angepaßten Form schriftlich fixiert war. Diese Situation änderte sich schlagartig, als die Vielfalt des geltenden Rechts durch umfassende, von der zentralisierten Staatsmacht veranlaßte und durchgesetzte Kodifikationen beseitigt wurde. Und trotzdem war man sich der althergebrachten Rechte sowie ihres Einflusses auf Vergangenheit und Gegenwart durchaus bewußt, wie am Beispiel des sächsisch-magdeburgischen Rechts zu ersehen ist. In Kiew steht noch heute am Dnjepr-Ufer ein Denkmal zu Ehren dieses Rechtes, das auf drei Seiten folgende Inschrift trägt:

> Denkmal zu Ehren der Wiedereinsetzung
> des Magdeburger Rechts für Kiew. Errichtet 1802
> Architekt A. I. Melenskij
>
> Dem Heiligen Wladimir, dem Aufklärer Rußlands
>
> Aus der Begeisterung der Kiewer Bürgerschaft
> über die Bestätigung der Rechte dieser alten
> Hauptstadt durch den großrussischen Imperator
> Alexander I. im 1802. Jahre am 15. Tag des September

(Siehe Bildtafel nach Seite 16)

Kolibri 360 GmbH
Ferdinand-Jühlke-Straße 7
99095 Erfurt, Deutschland
produktsicherheit@kolibri360.de